DICHTERWETTSTREIT *deluxe*

2. Auflage 2025
© 2023 Dichterwettstreit deluxe, Villingen-Schwenningen
www.dichterwettstreit-deluxe.de/impressum

Satz & Lektorat: Elias Raatz
Design & Umschlaggestaltung: T-Sign Werbeagentur
Druck: BOD GmbH, Norderstedt

ISBN: 978-3-98809-004-1
ISBN E-Book: 978-3-98809-005-8

www.dichterwettstreit-deluxe.de

Elias Raatz & Xenia Stein (Hrsg.)

INTELLIGENZ IST KEINE KRANKHEIT

16 Geschichten, Gedichte, Gedanken
über Nerds, Gamer und Streberinnen

DICHTERWETTSTREIT deluxe

THEMEN
BAND 02

Herausgegeben von

Elias Raatz

Der 1997 geborene Moderator, Autor, Kulturschaffende und Medienwissenschaftler Elias Raatz ist Gastgeber diverser Kleinkunstveranstaltungen und versammelt mit dem *Dichterwettstreit deluxe* regelmäßig Slam Poet*innen auf Bühnen sowie in Büchern. Als kreativer Tausendsassa liebt er geschmunzelt-frönenden Eskapismus, bitterböse Satire und eine gesunde Portion Stumpfsinn, die er mit viel Meinung sowie aktuellem Zeitgeschehen anreichert.

Xenia Stein

Die in Tübingen lebende Poetin Xenia Stein ist häufig an Schulen anzutreffen – nicht nur, weil sie Mathematik und Physik auf Lehramt studiert hat, sondern auch, weil sie gerne und häufig Workshops für Poetry Slam und kreatives Schreiben gibt. Ihre Texte sind in diversen Anthologien zu finden.

Mit Illustrationen von

Barbara Gerlach

Barbara Gerlach ist Heilerziehungspflegerin, Sozialpädagogin, Illustratorin, Slam Poetin und professionelle Katzen-Streichlerin. Beim Schreiben und Malen beschäftigt sie sich oft mit der Frage nach sozialer Gerechtigkeit und versucht, verschiedene Blickwinkel einzunehmen. Ihre überschüssige Energie lässt sie beim Tischfußball in der Damenbundesliga heraus.

Inhalt

Mehr unter: www.elias-raatz.de

Vorwort: Intelligenz ist keine Krankheit
Von Elias Raatz

Jahrhundertelang wurden sie von denen unterschätzt, die ihre Hausaufgaben abschrieben und sie dann trotzdem nicht auf Partys einluden. Noch heute werden sie von denen belächelt, die keinen Lieblingsphysiker haben und Ewoks für teure Küchengeräte halten. Dabei können sie Elbisch, mindestens zwölf Programmiersprachen, alle Zaubersprüche aus Harry Potter auswendig, sämtliche Anachronismen in Filmen identifizieren und die besten Lichtschwert-Moves der Milchstraße. Sie planen ihre persönlichen Treffen in Excel-Listen, spielen Klischeespiele für Single-Studierende wie Trivial Pursuit und referieren auch im Sommer ungefragt über die am besten geeigneten Weihnachtsbäume (Nordmanntannen sind optimal, wobei jedoch meist Rotfichten als Tannenbäume verkauft werden, obwohl die deutlich mehr Nadeln verlieren und per definitionem nicht einmal Tannen sind). Fachkundige Gespräche über WoW-Skills, die physikalischen Hintergründe von Superkräften oder das passende Rasenmäherrotorblätterschleifsteinset beenden sie gerne mit coolen Verabschiedungen wie „Tschüsseldorf" oder „Tagestschau". Auf dem Weg nach Mordor würden sie als kleine Sidequest eine Buchserie über alle gängigen Programmiersprachen schreiben, während sie das One-Hit-Wonder der Proclaimers in Dauerschleife hören. Und selbst nach 500 gelaufenen Meilen sowie einem fertiggestellten Buchband über C++, könnten sie die Flugbahn des auf sie wegen musikalischer Belästigung und Programmiersprachen-Folter zukommenden Faustschlags mit geringster Fehlertoleranz berechnen. Sie sind überall, sie leben mitten unter uns und auch Sie, liebe Leserin, lieber Leser, sind bereits einem derlei wundersamen Wesen begegnet.

Die Rede ist von Nerds. Gut getarnt hinter Pullundern und Nickelbrillen warten sie darauf, dass ihre Sternzeit beginnt. Irgendwann werden sie mit ihrem scharfen Verstand und pfeilschnellen Gedankenketten alles zerlegen, was nicht bei Pi auf dem Baumdiagramm ist, und die wohlverdiente Weltherrschaft an sich reißen. Zumindest, nachdem sie gnadenlos sämtliche Grammatikfehler benannt, einen einheitlichen pdf-Standard eingeführt und endlich alle Drucker der Welt unterjocht haben. Danach ist dann die Menschheit dran.

Tauchen Sie mit diesem Buch in eine fremde Welt ein und entdecken Sie Texte von Nerds über Nerds für Nerds und natürlich alle, die sich für nerdigen Kram aller Art interessieren. Manege frei für abenteuerliche Gedanken über Mathe und Physik, Philosophie und Wikipedia, Star Wars und Star Trek. Vorhang auf für ergreifende Gedichte voller Reime, berwechselter Vuchstaben und Poesie-Workouts zum Nachmachen! Begeben Sie sich in ein Wellenbad der Gefühle mit abwechslungsreichen Geschichten über Computerspiele und Pen & Paper, reale und fiktive Superhelden, animierte Stuntleute in Spielkonsolen und überragende Sportmuffel in Karohemden.

Als Enzyklopädie der Nerdigen, Fibel der Fabelhaften und Handbuch für Anhalter berichtet dieses Buch sagenhafte Abenteuer aus der Welt der Nerds, Gamer und Streberinnen. Zusammengetragen von poetischen Wissenschaftlerinnen, intelligenten Barden und allerlei sympathischen Freaks finden Sie hier Antworten auf Fragen, die Sie sich nie gestellt haben. Falsifizieren und beweisen Sie Ihre Klischees – mit Texten, die Sie garantiert klüger machen, denn Intelligenz ist keine Krankheit!

Also machen Sie es sich gemütlich, schnappen Sie sich eine Tüte Chips und wer weiß, vielleicht werden Sie am Ende dieses Buches zum absoluten Nerd-Experten oder zur Subkultur-Kennerin? Oder Sie merken, dass schon immer ein Nerd in Ihnen schlummerte, der wie Dobby auf die Socke darauf wartet, befreit zu werden. In diesem Sinne: Let's get nerdy. Ich wünsche Ihnen viel Freude beim Lesen und gute Unterhaltung. Bleiben Sie glücklich!

Ihr Elias Raatz

Jan Cönig

Der Frankfurter Poetry Slammer Jan Cönig ist mehrfacher Hessenmeister und Finalist diverser deutschsprachiger Meisterschaften.

Seine Auftritte sind unterhaltsam und begeistern durch eine Leichtigkeit, die man lange üben muss. Sein Themenspektrum ist enorm.

In seinem Podcast „Fee vs. Cönig" bearbeitet Jan Cönig Themen des Alltags mit der Musikerin Fee. Auf Spotify lädt sein Hörbuch „Küss die Taube!" zum Lauschen ein. Sein neustes Buch mit Texten aus über 800 Shows – „Titel fehlt, ist aber entschuldigt" – erschien 2022 beim Lektora Verlag.

Mehr unter: www.jancoenig.de

Scissors cuts paper, paper covers rock, rock crushes lizard, lizard poisons Spock

Von Jan Cönig

Reicht es, zu wissen, was eine Lore ist? Muss man das Silmarillion und das Buch der Weisen gelesen haben, mindestens einmal auf einer Comic Con gewesen oder als Sailor Moon über eine Buchmesse gestiefelt sein? Sollte man immer einen zehnseitigen Würfel einstecken haben? Was, wenn man mehr als vier Freunde hat? Wie viele Folgen von One Piece muss man kennen? Wie tief musst du in eine Geschichte verliebt sein, um ein Nerd zu sein?

Ich hatte früher ein Wörterbuch deutsch-klingonisch, kenne die Entstehungsgeschichte der Völker von Mittelerde, habe Dragon Ball gelesen, Comic-T-Shirts getragen, Anime-Serien geschaut und jetzt kommt die große Überraschung: Ich war nicht der angesagteste Typ in der Schule.

Heute sind Comic-Verfilmungen ein Milliardengeschäft – damals war unser Spezialwissen ein Grund, warum wir auf keine Partys eingeladen wurden. Aber wir hatten Computer und die Zeit, uns mit ihnen zu beschäftigen, auch wenn uns das nicht cooler machte. Denn wir orientierten uns nicht an Bill Gates, Mark Zuckerberg, Elon Musk oder Steve Jobs. Wer sich mit IT auskannte, war nicht hip oder wohlhabend, sondern arbeitete in der Regel im Keller eines Unternehmens – wegen der Kühlung.

Wer denkt, Nerds oder Geeks seien automatisch sehr intelligent, dem bin ich der lebende Gegenbeweis. Wenn Marie nicht superclever war, weil sie alle Songs der Backstreet Boys auswendig kannte, und das war sie nicht, dann war ich es auch nicht, nur weil ich die Namen aller 150 Pokémon kannte. Meine Freundin kann die Sprache der Sims sprechen und alle finden das lustig, aber ich wurde für mein holpriges Elbisch gedisst.

In meiner Jugend hatte ich eine Menge Spaß, aber nicht immer eine gute Zeit. Nur so viel: Mein bester Freund hatte mehr Star Trek-Uniformen als es Mädchen gab, die sich freiwillig mit uns unterhielten. Für mich ist Nerdtum eine Begeisterung, eine Geheimsprache, die nur die Auserwählten verstehen. Eine Reise in eine Welt voller Fantasie, eine Paralleldimension, ein Deep Dive in ein beliebiges Universum, die Suche nach dem Heimatplaneten, ein Wurmloch in eine Faszination.

Dabei weiß ich gar nicht, ob wir Außenseiter waren, weil wir uns mit diesen Dingen beschäftigten oder ob wir uns mit diesen Dingen beschäftigten, weil wir Außenseiter waren. Auf jeden Fall kann ich euch sagen, dass tiefer gehende Gespräche über Comics, Science-Fiction und Fantasy nicht trockener sind als eine Unterhaltung mit einem Sportnerd während der Playoffs.

Zum Glück wuchs die Welt, in der ich mich bewegte, mit mir mit. Ich lernte andere Dinge kennen, neue Menschen und, dass anders zu sein in Ordnung ist. Wenn du nicht mehr als ein Drittel dieses Textes verstanden hast, bist du wahrscheinlich kein Nerd. Das ist in Ordnung. Und wenn doch, dann auch.

Ich möchte die dämlichen Vorurteile dem Sarlacc zum Fraß vorwerfen. Es liegt mir fern, Stereotype zu reproduzieren, denn nur, weil sich jemand für eine farbenfrohe Welt begeistert, theoretisch weiß, wie man Menschen beamen könnte oder Cosplay feiert, weiß man doch nichts über den Charakter. Teenagern kann ich das noch verzeihen, die Pubertät kann ein wilder Ritt sein und die Schule bringt uns bei, zu sortieren, aber spätestens als junge erwachsene Person sollten wir in der Lage sein, Diversität zu schätzen. Ob Du D'n'D zockst oder Basketball, dich für Mode interessierst oder Minecraft, du Pen & Paper feierst oder Partys, oder alles gleichzeitig, sagt nicht aus, wer du bist. Irgendwas sollte dich irgendwann so sehr fesseln, dass du über dich hinauswächst. Durchsetzungsfähigkeit zum Beispiel, lernst du im Fußball ebenso gut wie beim Online-Event.

Also „möge die Macht mit dir sein" – „live long and prosper" – „finde den größten Schatz der Welt" - „Gotta catch 'em all" – „ein Zauberer kommt nie zu spät" – und schließlich „Kame – Hame – Ha".

Björn Högsdal

Björn Högsdal wurde 1975 in Köln geboren und lebt heute als Autor und Kulturveranstalter in Kiel. Er schreibt Punchline-Prosa, kabarettistische Lyrik und Satiren. Seine Texte erscheinen regelmäßig in Literaturzeitschriften, bei Verlagen, in Satirezeitschriften wie der Titanic und in Anthologien wie diesem Büchlein. Dabei befasst er sich mit der Absurdität des Alltäglichen ebenso wie mit der Alltäglichkeit des Absurden und unterhält mit schwarzhumorigem Litertainment. Zahlreiche Literaturauszeichnungen sowie Radio- und TV-Auftritte komplettieren Björn Högsdals bisherige Karriere. Mehr unter: www.bjoernhoegsdal.de

Die Wahrheit über die Listige Manguste oder: Wie ich bei der Wikipedia wegen Vandalismus gesperrt wurde

Von Björn Högsdal

Wikipedia ermuntert dazu, an Artikeln mitzuarbeiten. Als ich auf die vom Aussterben bedrohte Tierart der „Listigen Manguste" stieß, wusste ich, dass es Zeit war, zu handeln. Die Listige Manguste ist ein weitgehend unerforschtes, harmloses und eher niedliches Fellknäuel in der Größe eines Frettchens. Kein Wunder, dass diese Art auf der roten Liste steht. Wer das Folgende liest, muss die Listige Manguste für einen hilflosleichten Gegner halten:

Die Listige Manguste ist eine im zentralen Afrika lebende Raubtierart aus der Familie der Mangusten. Listige Mangusten zählen zu den kleineren Vertretern ihrer Familie. Sie erreichen eine Kopfrumpflänge von 25 bis 33 Zentimeter, eine Schwanzlänge von 16 bis 23 Zentimeter und ein Gewicht von 300 bis 400 Gramm. Ihr Fell ist kurz und weich, an der Oberseite bräunlich gefärbt. Kopf und Nacken sind dunkler, fast schwarz. Sie ähneln somit den Zwergmangusten.

So geht das nicht. Diese arme Kreatur muss bedrohlicher wirken! Schwer ist das nicht, schließlich ermuntert die Wikipedia dazu, an Artikeln

mitzuarbeiten. Was ich dann tat, war kein Hacker-
angriff, sondern gelebter Artenschutz! Ich drückte
den „Bearbeiten"-Button im Artikel und verlieh der
Listigen Manguste den Nimbus eines Killers. Meine
Fassung der Merkmale im neuen Artikel:

Listige Mangusten zählen zu den gemeineren
Vertretern ihrer Familie. Sie erreichen eine Kopfrumpflänge von gefährlichen 25 bis 33 Zentimeter,
eine Schwanzlänge von hinterhältigen 16 bis 23
Zentimeter und ein Gewicht von brutalen 300 bis
400 Gramm. Ihr Fell ist trügerisch kurz und weich,
an der Oberseite bräunlich gefärbt. Kopf und Nacken sind dunkler, fast schwarz – ähnlich der Seele des Tieres. Sie ähneln somit den Harpyien, ihre
nächste Verwandte ist allerdings die etwas dickere
Lustige Manguste.

Nach einem kurzen Klick auf „Enter" erschien
mein Text anstelle des bisherigen. Das war leicht. Zu
leicht. Ich wurde immer mutiger und gelangte zum
Absatz über die Lebensweise meiner neuen Schützl-
linge:

Über die Lebensweise dieser Tiere ist kaum et-
was bekannt. Die starken Krallen und eher weichen
Zähne lassen schließen, dass sie im Boden nach
Nahrung graben und dabei vorwiegend wirbellose
Tiere zu sich nehmen.

Das geht so natürlich auch nicht. Andererseits ließ mir dieses knappe Wissen viel Raum für eine ausführliche und interessantere Version ihrer Lebensweise. Ich kam richtig in Fahrt:

Die Lebensweise dieser Tiere ist gut erforscht. Die schrecklichen Zähne sind von der Evolution zu präzisen Werkzeugen und verheerenden Waffen geschmiedet worden. Im Rudel jagen sie nach Nahrung und nehmen dabei vorwiegend Waldelefanten zu sich, fallen in Notzeiten aber hin und wieder auch kleinere Menschengruppen an. In ganz Afrika fallen pro Jahr etwa 700 bis 800 Menschen einem Rudel Listiger Mangusten zum Opfer.

Ihr Jagdverhalten hängt von der Anzahl der Jäger ab. Zu zweit jagen die possierlichen Räuber nach Giraffen und Nashörnern. Eine Manguste lenkt dabei die Beute ab, beispielsweise mit einer Frage nach dem Weg oder der Uhrzeit, während die andere kaltblütig zuschlägt.

Die Ablenkungstaktiken sind ein zentrales Element bei der Jagd der Listigen Manguste. Bei der Jagd auf ihre Hauptbeute, junge Waldelefanten, sind üblicherweise fünf Jäger beteiligt. Ein Weibchen lenkt ein Elefantenjunges ab und löst bei Märschen den Rüssel des Jungen vom Schwanz der Mutter. Drei weitere lauern diesem hinter einem Busch auf und töten es blitzschnell mit krassen Karatemoves. Die fünfte Listige Manguste läuft bis zu einem halben Tag hinter dem Muttertier her und hält zur Täuschung mit einer freien Pfote den Schwanz, um so den Verlust des Jungtiers zu verdecken.

Erwachsene Elefanten jagt die Listige Manguste selten und nur dann, wenn diese schlafen. Hier greift das Rudel zu einer erstaunlichen Taktik. Ein Tier schafft mit den rasierklingenscharfen Reißzähnen an einer unempfindlichen Stelle der Haut einen Eingang. Dann stürmt das Rudel den Elefanten und höhlt ihn binnen weniger Minuten vollständig von innen aus. Es dauert oft Tage bis die entkernten Körper in sich zusammenfallen. Diese leeren Hüllen spielen in der Mythologie der ugandischen Völker eine wichtige Rolle und gelten noch heute als Vorboten nahender Katastrophen. Oft erscheint die Listige Manguste in den Märchen der lokalen Naturvölker als hinterhältiger Verführer und blutrünstiger Menschenfresser.

So gefiel mir der Artikel schon viel besser. Wer das liest, wird sich zweimal überlegen, in den Lebensraum der Listigen Manguste einzudringen. Der Artikel wurde leider nach 20 Minuten wieder durch die ursprüngliche Fassung ersetzt. Zudem wurde meine IP-Adresse bei der Wikipedia gesperrt, aber irgendjemand in Afrika musste meine Version gelesen haben. Der Kongo hat die Art wegen ihrer großen Gefahr für Menschen zum Schädling mit Abschussprämie erklärt und inzwischen praktisch ausgerottet.

Theresa Sperling

Theresa Sperling (*1971 in Berlin) war früher Tänzerin, heute lebt sie in der Grafschaft Bentheim, wo sie an einem Dorfgymnasium die Fächer Deutsch, Englisch und Darstellendes Spiel unterrichtet. Nebenberuflich schreibt sie Theaterstücke und ist seit 2015 jedes Jahr Finalistin der niedersächsisch-bremischen Meisterschaften im Poetry Slam, die sie 2023 im Einzel- und Teamwettbewerb (mit Matti Linke) gewann. 2020 siegte sie bei den deutschsprachigen Meisterschaften mit ihrem Team „Unterricht mit Psychos". Ihre Jugendromane wurden bei Lektora und im Drachenmond Verlag veröffentlicht.

Mehr unter: www.theresa-sperling.de

Suchstaben
Von Theresa Sperling

Vorwort

Der folgende Text basiert auf einem System, welches durch Lesetests bekannt ist: Ich habe bei Wörtern einzelne Laute ausgetauscht oder weggelassen und trotzdem versucht unser Gehirn beim Lesen zwanghaft, den Originaltext zu rekonstruieren. Durch die Lautveränderungen entstehen neue Wörter mit einer eigenen Bedeutungsebene, die dem Text einen zweiten Sinn verleihen. Das klingt sehr kompliziert, ist es aber nicht. Wenn ich zum Beispiel sage, mein Opa war ein Bazi, schließen einige Menschen daraus, dass mein Opa ein kleiner, aus Bayern stammender Schlingel war – und das stimmt! Andere haben den Laut schon zurückgetauscht und vermuten nun, dass mein Opa ein Nazi war – das stimmt auch und ist die bittere Seite der Wahrheit. So funktioniert der gesamte Text. Es ist eigentlich egal, welche der beiden Sinnebenen Sie verstehen, denn beide sind wahr.

Ich wünsche Ihnen viel Vergnügen!

Im Bier und Jetzt

Schon bald bin ich eine Kreisin,
geh' müde durch zahlreiche Kassen,
bin leiser als jemals zuvor,
bin ein Quench nur in Menschentassen

und am Ende ein einsames Tor,
denn wenn ich in Ruhe zurücksau,
zurückklick in all meinen Jahren,
dann kommt mir mein tanzes Gebaren
so früchterlich nichtig vor – Moppelpunkt:

Eins: Umweltbewusstschein

All der prunkvolle, kotzbare Schnuck,
an unseren Waldbaudecken der Stuck,
ein Beruf so erfolgleich und nächtig,
ein Sohnhaus so groß und so trächtig,
zu jeder Qualzeit ein Kloß und viel Fleisch auf dem Fisch,
aus Rassentierhaltung gewonnen,
erst die Bälder gerodet, die Tiere geschildert,
dann auf die Artenzielfalt besonnen,
in jedem Urglaub den Flieger genommen.

Den Tüll hab' ich getrennt, da hab' ich Bert draufgelegt,
ein wenig Umweltbewusstschein muss sein,
meine Biosonne voll, mein Warten gepflegt,
die mit Plastikfülle abgefuckte Ware verschmäht,
Strom und Wasser gepaart, ein Zoobier adoptiert,
einem Weizenkind in Afrika ein Schulja finanziert,
nie einen Weichspieler verendet,
viel alte Leidung gespendet,
aus Angora und Kashmir und Scheide,
so körperbelohnt, stilvoll und fick,
von kleinen Kinderschänden angefertigt.

Zwei: Meine Kenner

Und ich habe so viele Kenner gehabt,
so viele versetzt, so viele vergoren
und mir so fiese Male im Stillen geschoren,
mich nie mehr so kränzen zu lassen.
Und die Kenner, die ich hatte,
hab' ich sie wirklich alle gesiebt?
Solange gesiebt, bis nur noch einer beep?

Es ist füßig, darüber nachzurenken,
es war nur einer von möglichen Degen
und hätte ich einen anderen gequält,
wär' er auch nicht nässer gewesen,
auch dort hätt' ich sicher gefehlt.

Drei: Meine kleinen Hinder

Und die Zeit mit meinen kleinen Hindern
scheint so fruchtbar schnell verflossen.
Hab' ich sie wirklich richtig gegossen?
Genügend Hiebe?
Genügend Ärme?
Genügend Eid?
Und genügend Ausmärzsamkeit?
Einiges lässt sich ja gar nicht verkindern
und bückwirkend tut es mir leid.
Ich hab' ihnen doch so viel geleben,
so viel versengt und so viel geteigt,

dass es sich manchmal so ankühlt,
als ob von mir selbst nichts mehr übrig leibt.

Nicht mal das Scheiben von Wörtern
erscheint mir noch sonderlich sinnlich;
erst Kleben, dann Trank werden, Scherben:
Ich frage mich, wo Bier der Sinn ist.

Vier: Die große Trage

Irgendwann bin ich wirklich alt
und dann muss ich mir die Trage stellen,
bevor die Trage in zu schnellen Schitten
von faltigen Kippen fällt:
Warum? Vino? Weshalb?

Was hast du alles gesauft von deinem bisschen Welt?
Was hast du alles gelacht für ein wenig Gefechtigkeit?
Was hast du wirtlich gedacht, damit die Welt so leibt?
Hast du ihr gebient oder hast du sie kaputtgelacht?
Hast du auch mal gewandelt
oder hast du immer nur nachgemacht?
Ragen überragen überragen.

Fünf: Eine keine Antwort

Am Ende sind wir alle nur Suchstaben
mit bestem Platz im Alphabet,
ein Hohn nur, den jeder versteht,

von kaum sichtbarer Beläutung,
immer damit besäftigt sich auszusehnen,
mehr zu werden, wer zu werden,
sich gegen das Nichtslein aufzudehnen.

Doch einmal im Greis gedreht,
ein anderer Latz, woanders gehetzt,
oder ausgelassen im Ort,
bereifen wir endlich, was wir Affen können,
was wir tollen, was wir räumen, was wir ruh'n,
jeden Punsch, den wir mal hatten, jeden Rum,
jedes zu zweit gesteckte Ziel,
jeden Finn, den wir mal sahen,
und jedes verlorene Siel.
Und dann fühlen wir, wer wir Kind,
Bein werden, waren und genesen sind.
Und in uns lodert das Euer,
ein rastloses Ungemäuer.

Wir sind Suchstaben und keine Fehle,
und schüren in unserer Seele,
nach ragen, überragen, überragen,
die eigentliche Beläutung,
die wir in uns tagen.

Sechs: Verabschiebung und Hände des Textes

Ich tanke euch aus schiefstem Herzen,
denn das Bier, also alles Bier, ist mein Sinn.

Björn H. Katzur

Björn H. Katzur wurde 1981 in Hannover geboren, hat dort sein Biologiestudium abgeschlossen und wurde 2007 in Kiel angespült. Trotz mehrerer Forschungsstipendien zog es ihn auf die Bühne.

Einer seiner künstlerischen Schwerpunkte liegt auf Poetry Slam. Von 2011 bis 2014 prägte er als Autor und Darsteller die satirische Bühnenshow „Traurich & Alt", seit 2012 performt er die gespielten Krimilesungen „Dinner mit Leiche". 2015 erhielt er ein Literaturstipendium des Landes Mecklenburg-Vorpommern. 2020 erschien seine zweite Textsammlung „In der Möwe liegt die Kraft".

Mehr unter: @bhkatzur auf Instagram

Helden
oder: Eine Liebeserklärung schneller als eine Pistolenkugel, stärker als eine Lokomotive und emotional berührender als der Tod von Gwen Stacy
Von Björn H. Katzur

Ich liebe Superhelden, seit ich denken kann, wenn nicht noch länger. Hätte es im Hodensack meines Vaters Textilstoff gegeben, hätte sich mein Spermium ein Cape umgebunden und die anderen Spermien mit einem „Woooosh" überholt. Superhelden waren immer für mich da, sie trösteten mich, zeigten mir den Weg des Guten und eine Welt, in der alles möglich war: Batman konnte jede Taktik seines Gegners vorhersehen und selbst dem Wahnsinn und lachendem Chaos des Jokers widerstehen. Er hatte auch kurz eine seltsame Gruppe namens Outsiders und kämpfte gegen bescheuerte Gegner wie den Mirror Master und Captain Boomerang.

Captain Boomerang. Wie man sich bei diesem Namen denken kann, hatte er eine Spezialität: Die Einfallslosigkeit der Autoren. Von der 60er-Jahre-Batman-Fernsehserie will ich gar nicht erst anfangen. Kurz: Cesar Romero, der den Joker spielte, nahm die Serie ebenso ernst, wie ich es heutzutage tue. Darum rasierte er sich seinen Schnurrbart für die Rolle nicht ab, der wurde einfach weiß überschminkt. Heiliges Trash-TV, Batman!

Doch selbst diese Geschichten liebte ich. Ich verschlang alles an Superhelden wie eine Mischung aus dem Blob und dem Parasiten. Ich liebte Superman. Natürlich ist es nicht cool, Superman gut zu finden. Superman ist der Saubermann, der Pfadfinder, der brave Spießbürger. Und er ist zu mächtig. Viel zu mächtig. Außer er kommt mit außerirdischen grünen Steinen in Kontakt. Oder roten. Oder weißen. Comic-Macher lieben Farben. Aber kein Wunder, das zweite große Zeitalter der Superhelden, das Silver Age, fiel mit der Verbreitung von LSD zusammen. Jedenfalls fand ich Superman großartig. Er konnte alles, erlebte die tollsten Abenteuer und tat immer das Richtige.

In meinem Kindergarten gab es zwei Gruppen. Wir und die anderen. Wir wurden zu unterschiedlichen Zeiten auf den Spielplatz gelassen, wo die erste Gruppe sich alle Sachen sicherte und die zweite alles erobern musste. Es gab da diese Pyramide aus Holzstämmen, wie der Turm eines Forts. Und als meine Gruppe einmal später auf den Platz gelassen wurde, wollte ich die Pyramide erobern. Ich kletterte nicht den vorderen Weg hoch, sondern über die Holzstämme auf der Rückseite. Als ich hinter meinen ahnungslosen Gegnern stand, bereit, über das Geländer auf das Turmplateau zu springen und den Turm zu erobern, in diesem Moment sah ich in meinem Geist hinter mir ein Cape wehen. Das war stark. Ich war stark. Ich war Superman. Und zwar ohne grüne Steine weit und breit!

Superhelden sind quatsch. Sie widersprechen ziemlich allen Gesetzen der Physik und der Logik. Wonder Womans unsichtbares Flugzeug ergibt einfach gar keinen Sinn. Man sieht sie doch, warum ist dieses Scheiß-Flugzeug dann unsichtbar? Was soll das bringen?

Superman mit der Brille und ohne Schmalzlocke ist also Clark Kent und ganz Metropolis fällt das nicht auf. Basierend auf dieser Logik könnte ich meine Brille abnehmen und mich würde niemand mehr erkennen. Das ist genauso unlogisch, wie, dass die X-Men Superhelden-Namen haben.

„Hallo ich bin Logan, du darfst mich gerne Waffe X nennen."

„Ach so, für einen Moment dachte ich schon, du bist dieser gefährliche Wolverine, der genauso aussieht wie du!"

Und Batman: Fällt bei Bruce Waynes rauschenden Festen wirklich nicht auf, dass er ständig gebrochene Knochen, blaue Flecken, Stichwunden und Schusswunden hat?

„Ach ja, diese reichen Playboys und ihre exotischen Fetische. Dieser Wayne lässt wohl gerne auf sich schießen. Dieser Schlawiner!"

Trotz all dieser Mängel verzaubern mich Superhelden. Helden zaudern nicht, haben keine leichte Depression oder gedrückte Stimmung – und wenn sie scheitern, dann auch grandios. Wie Parallax. Wenn meine Lieben sterben, werde ich bestimmt auch sehr traurig sein. Aber ich werde wahrscheinlich keine gottähnlichen Kräfte ansammeln, um die Zeit selbst zu unterjochen und dabei zu riskieren, alles Leben zu vernichten. Keine halben Sachen! Superhelden schieben nicht auf:

„Superman, Galactus will die Welt vernichten!"

„Gleich, ich spiele nur schnell Candy Crush durch!"

Nein, das gäbe es nicht. Allein deswegen, weil ich hier einen kleinen Nerd-Test eingebaut habe. Jeder echte Fan ist eben zusammengezuckt, weil ich Superman gegen Galactus antreten ließ. Hehe. Ich bin schon einer.

Superhelden haben keine Probleme in der Liebe. Sie haben nämlich kein Liebesleben. Für Louis Lane ist das gut, Superman würde ihr natürlich ein Loch in den Bauch schießen, wenn sie durch die Reibung vorher nicht schon zermalmt oder ein Diamant geworden wäre. Oder in Flammen aufgegangen. Was auch wieder irgendwie cool wäre. Aber Superman ist halt zu lieb für so etwas.

Ich mag mir gar nicht vorstellen, was Green Lantern mit seinem Ring, der alles erschaffen kann, was er sich vorstellt, nach all den Jahren erschaffen muss, um sich noch zu stimulieren. Doch trotz fehlendem oder weirden Sexleben haben Superhelden keine Sinnkrisen in dem Sinn. Superman musste keine Lehre machen und nichts studieren, um Superman zu werden. Er musste sich nur überwinden, dieses Kostüm in der Öffentlichkeit zu tragen.

Superhelden haben keine psychischen Probleme oder erkennen sie nicht an. Batman geht nicht zum Therapeuten. Wahrscheinlich wäre er dann auch die längste Zeit Batman gewesen: „Sie verkleiden sich als Feldermausmann und verprügeln Verbrecher, sind immer wieder giftigen Gasen ausgesetzt und verlieren gerne mal geliebte Personen, die dann teilweise durch sogenannte ‚Lazarus-Gruben' wieder lebendig werden?"

„Ja…"

„Wie fühlen Sie sich damit?"

Wenn jemand nahestehendes stirbt, wird kurz grimmig in die Kamera geguckt, vielleicht auch etwas zertrümmert. Dann beugt man sich mit bebenden Muskeln über irgendwas, jemand legt einem die Hand auf die Schultern und alles ist wieder okay.

Batman wird erstaunlich oft von traumatisierten Kindern gelesen und Bob Kane, einer der Erfinder von Batman, beschreibt in seiner Autobiografie selbst eine traumatische Begegnung mit größeren Kindern, die ihn schwer verprügelt haben.

So erschuf er die Geschichte eines Jungen, der den gewaltsamen Tod seiner Eltern überwand und stärker wurde als alles, was ihm entgegentritt. Er stellt sich seinem Trauma und überwindet es mit einem starken rechten Haken.

Superhelden können mit allem fertig werden. Und sie leben in einer klaren Welt, wo man weiß, mit was genau man fertig werden muss. Wenn Lex Luthor einen riesigen Laser auf Metropolis richtet, muss man nicht erst die Öffentlichkeit überzeugen, dass es diesen Laser wirklich gibt. Oder dieser Laser ist nicht in ein kompliziertes weltumspannendes Finanz-System eingebettet. Es ist ein verdammter, riesiger Laser. Wenn man den kaputt macht und Lex Luthor auf die Fresse haut, ist erstmal Ruhe. So einfach.

Superhelden zeigen uns eine Welt ohne verwirrendes Grau. Eine Welt, in der es sich lohnt, das Gute zu kennen und dafür zu kämpfen. Superhelden, in ihrer reinsten Form, wecken das Beste in uns.

Ein kleiner Junge steht auf einer Holzpyramide. Hinter ihm der tödliche Abgrund, vor ihm die Aufgabe, die nur er bewältigen kann. Sein Cape flattert im Wind. Entschlossenheit steht in seinem Gesicht. Es gibt kein Morgen, kein Gestern, nur diesen Moment. Er weiß, was getan werden muss und er ist bereit, es zu tun. Er ist ein Held!

Emm Weyrauch

Emm Weyrauch ist neurodivergent, nicht-binär, politisch interessiert und seit 2014 auf Bühnen im deutschsprachigen Raum unterwegs. Auf die Poetry Slam-Bühne kam Emm durch den simplen Fakt, dass viele Menschen im Umfeld der Meinung waren, dass Emm unbedingt NICHT auf die Bühne gehört. Emms Dichtkunst bedient sich rhythmischer Sprache mit Stilmitteln, die direkt aus dem Deutschunterricht gestohlen sind, damit der nicht vergeblich war. Sozial und persönlich relevante Themen werden mit Pathos behandelt, aber auch mit der Albernheit einer Person, deren erwachsenster Akt wohl die Steuererklärung ist.

Mehr unter: @emmweyrauch auf Instagram

Fick Mathematik

Von Emm Weyrauch

*Nach dem großen Dichter Till Lindemann beginnt dieser
Text mit einem Zitat:*
„FICK, FICK, FICK, Mathematik!"

Schon in der Grundschule hatte ich Probleme,
weil Zehner für mich Scheine waren,
Division macht mir Migräne,
löse Gleichungen durch Anstarren!

Viele Brüche wollten mich brechen,
bei Polynomen musste ich brechen.
Die binomischen Formeln sollten mich Formen,
mein Denken vernormen.

Damit eins und eins immer zwei ergibt,
Berechenbarkeit hab' ich nie geliebt.
So ging weiter, Jahr um Jahr,
es wurde immer weniger klar:

Warum, Weshalb, Wieso?
Division ist für den Po!
Der Lehrer liebt es und so ist es Brauch,
die Klausur, die kommt dann auch!

Trotz allem Schweiß und Pein
haut der Arsch „Anwendungsaufgaben" rein.

Die sind so realistisch, geiler Scheiß,
dass sogar der fiktive Jon Snow sie weiß.

Geometrie erscheint mir kryptisch,
Algebra wie altägyptisch!
Plus und Minus, Co- und Sinus belagern mein Gehirn,
bestrahlen stetig meine Stirn.

Vektoren und Geraden?
„Was machen die?", muss ich oft fragen.
Mathematiker müssen Höhepunkte berechnen können,
denn im echten Leben werden sie die nie erkennen.

Stopp.

Das war alles ungezogen,
denn gerade habe ich gelogen,
in Wut und Rage die Wahrheit gebogen.
Denn in Wahrheit bin ich in die Mathematik verliebt.

Will mich an ihre Kurven kuscheln,
gar sinnlich ihre Formeln nuschlen:
„a Quadrat plus b Quadrat ist c Quadrat.
Pythagoras du machst mich hart!"

Ich suche x und finde es,
wenn es durch Formeln windet kess,
seine algebraische Gestalt,
macht auch im Komplexen selten halt.

Trigonometrie zeigt mir immer wieder:
Auch Mathe kennt ein auf und nieder.
Doch hat sie Rundungen unendlich viele,
mit Nash spielt sie komplexe Spiele.

Sie kennt nur Völlerei und kein Verzicht,
zeigt spielerisch ihr Gleichgewicht.
Ich nehm' sie dezimal, fraktal und Anal-
-ysis mag ich auch.

Jetzt mach ich es noch ein bisschen schwerer,
ich bin sogar Mathelehrer,
versuch mit Kniffen und Geschick,
sie weiterzugeben, die Mathematik.

Und gar vollkommen mathemagisch,
mach' ich Algebra nur halb so tragisch
mit hübschen Bildchen zum dran laben
und vielen Anwendungsaufgaben!

Stopp.

Jetzt habe ich, zwar beide nicht so frisch,
zwei Standpunkte fein aufgetischt.
Der eine voll Hass für die Kunst des Zahlenschiebens,
der andere dafür so absurd gar voller Liebe.

Hier stellt sich eine Frage klar:
Welcher davon ist wirklich wahr?

Bin ich mathematisch Philanthrop
oder doch eher Mathephob?

Das spielt keine Rolle, denn hinter eurer Tolle,
rollt die Gedankenbahn ja schon,
rattert, knattert, flattert eure Meinung im Wind,
der eurem Gehirn entspringt.

Die Meinung
ist auch selten von der äußeren Umwelt getrieben,
vielmehr von dem,
was in unserem Weltbild hängen geblieben.

Der eine fand Mathe schon immer zum Reihern,
der andere wird meinen Liebesstandpunkt hart feiern.
Der Dritte findet alles zum Haare raufen.
Ein Vierter ist und bleibt dazu unentschieden,
jeder hat halt sein Weltbild zum darin verlieben.

Die Fünfte, die Sechste, die Siebente,
Rentner, Student oder Liebende,
jeder hat seine Haltung,
welche die Entfaltung der Meinung bestimmt
und so jeder in einen der Chöre einklingt.

Gegen Ende will ich hier schnell noch erwähnen,
die eigene Meinung nicht immer so wichtig zu nehmen,
denn beim Zetern, Kläffen und Grämen
muss man sich fürs Irren nun mal nicht schämen.

In all diesen Wirren kann man sich irren,
so dass jetzt sicher die Köpfe euch flirren,
mir schon. Hier noch ein Tschüss auf meine Art,
Zum Abschied nochmal das Zitat:
„FICK, FICK, FICK, Mathematik!"

Hummelflug – Hummelunflug
Von Emm Weyrauch

Die Hummel kann echt geil fliegen,
brachte die Physik zum Verbiegen.
Doch dann wurde es erklärt
und uns dieser Mythos weiter verwehrt.

FICK DICH WISSENSCHAFT! Wie kannst du nur? Die Hummel war Symbol, Lichtzeichen und ein Keks in einem Sumpf aus Brokkoli! Früher da ging das so, die Physik zur Hummel: „Nach eingehender Analyse und Konsultation der Schwerkraft ergibt das Erforschen: Du bist zu fett zum Fliegen!"
Die Hummel: „SHSHSHSHSSS, mir egal!"

Ein Vorbild an Selbstvertrauen und Realitätsmissachtung! Vor allem hat sie Hoffnung gemacht. Früher haben mir auch Leute gesagt, ich sei zu fett zum Fliegen, aber die Hummel zeigte mir, ich süßer, dicker Dichter kann das auch!

Heute geht der Dialog ein wenig anders.

Hummel: „SHSHSHSHSSS, I believe I can fly, SHSHSHSHSSS, I believe I can cruise the sky."

Darauf die Physik: „Nach erneuter Konsultation der Schwerkraft sowie dem Verwerfen und Erschließen von ein paar Fehlern ergibt sich, dass die Hummel nicht zu fett zum Fliegen ist, sondern nur ein weiteres Sprunggelenk besitzt und wir einen Rechenfehler gemacht haben. Entschuldigung."

Warum? Wissenschaft, du in einer Prinzenrolle versteckte Brokkoli-Press-Brikett. Du kannst doch nicht einfach evidenzbasiert deine Aussagen ändern! Ich war den Tränen nahe, ich fühlte mich wie das traurigste Tier der Welt — eine Weinbergschnecke. In meiner Hoffnung auf emotionale Bewältigung suchte ich meinen guten Freund und emotionale Unterstützungsziege Dr. Dieter Detlef Domian Drosten auf. Ich begann, ihm den Bart zu kraulen und initiierte so unser Gespräch.

„Dieter Detlef Domian, mein liebstes Hornvieh. Die Wissenschaft hat den Hummelflug erklärt, worauf darf ich denn jetzt noch hoffen?"

„Määhhhh."

„Was? Es gibt noch Hoffnung?"

„Määhhhh."

„Du meinst, durch das schrittweise Erklären und Entmystifizieren der Welt hilft die Wissenschaft der Menschheit, sich weiterzuentwickeln? Außerdem ist es gut, auf evidenzbasierenden Argumentationen hin das eigene Weltbild der Faktenlage anzupassen? Du geiler Bock, das ist aber krass! Außerdem seien viele Entwicklungen auf die Erforschung von Tieren zurückzuführen, beim Helikopter die Libelle und beim Quantencomputer dein Ziegenhirn? Na, wenn du das sagst. Und ist es dann etwa auch möglich, dass die Wissenschaft gemeinsam mit der Industrie einen Rucksack entwickelt, welcher sogar gravitativ Benachteiligten wie mir ermöglichen wird, sich mit der unerreichbaren Eleganz einer Hummel in die Lüfte zu erheben?"

„Määhhhh."

„Danke Dr. Dieter Detlef Domian Drosten, du liebevoll lallendes Lebewesen."

Was lernen wir daraus?

Manchmal geht uns dieser Forschungskram auf die Nerven und hinterlässt auf der Zunge einen Geschmack wie Autobahnraststättenklosteine. Aber fast immer hilft er, die Menschheit weiterzubringen, aus unseren Fehlern zu lernen und die Welt ein bisschen besser zu verstehen.

Entschuldigt mich nun, werte Leserinnen und Leser, ich übe schon einmal meine Startsequenz für die bald erscheinenden Hummelrucksäcke:

„SHSHSHSHSSS."

Yasmin Köseli

Yasmin Köseli wurde in Nürnberg geboren und von ihrer Deutschlehrerin in der achten Klasse auf Poetry Slam aufmerksam gemacht. In Franken hat sie Bühnenkunst leben und lieben gelernt und kehrt immer wieder gern dorthin zurück. Mittlerweile studiert die Slam Poetin und Workshopleiterin in Stuttgart Public Relations. Seit ihrem Umzug ist sie auf den süddeutschen Bühnen kein unbekanntes Gesicht mehr, begeistert mit ihren realitätsnahen Texten und hat auch nicht vor, aufzuhören.

Neben dem Schreiben ist Yasmin Köseli eine Leseratte, Hobbyköchin und Handball-Fan.

Mehr unter: @mina_virginia_1998 auf Instagram

Ich habe ein Problem
Von Yasmin Köseli

Hallo, mein Name ist Yasmin und ich bin süchtig. Euch diese Geschichte aufzuschreiben, ist mir wirklich wahnsinnig schwergefallen. Aber leider bin ich süchtig und hasse es, euch gestehen zu müssen, dass ich rückfällig geworden bin.

Monatelang bin ich standhaft geblieben, war stark und hatte ein gutes Gefühl. Bis gestern. Ich war mit Freundinnen in der Stadt und mir ging es wirklich gut, bis wir an der Zentrale der Sünde vorbeigekommen sind. Der riesig großen, vier Stockwerke umfassenden Buchhandlung. Meine Freundinnen wollten: „Nur schauen, was es Neues gibt", aber ich konnte nicht widerstehen und begleitete sie ins Innere meiner persönlichen Verdammnis.

Anfangs war auch noch alles wunderbar. Wir sind an den Gesellschaftsspielen und den Romanen vorbei ins zweite Stockwerk zu den Sachbüchern. Zu diesem Zeitpunkt war ich noch davon überzeugt, dass ich es schaffen werde. Doch mit jedem Regal, an dem wir vorbeigelaufen sind, haben wir uns dem Angstgegner meines Girokontos genähert. In sieben großen Lettern prangt der Name meiner Zwangsdiät über dem Regal:

Fantasy!

Ab da war ich verloren. Für mich gab es kein Zurück mehr, keine Zentaurenherde oder dreiköpfigen Hunde hätten mich nun noch aufhalten können. Aber eigentlich hatte ich überhaupt keine Wahl! Meine Lieblingsautorin hat ein neues Buch herausgebracht und die Fortsetzungen von drei meiner Lieblingsreihen sind erschienen. Außerdem gab es einen Auftakt einer neuen Engel-Reihe, die wohl „fesselnd mystisch" sein soll. Die Bücher lagen da und haben geschrien: „Du brauchst uns! Nimm uns mit! Wir sind verloren ohne dich!"

Es wäre unterlassene Hilfeleistung gewesen, wenn ich sie dort gelassen hätte.

Meine Freundinnen haben bereits nach zwei Stunden angefangen zu drängeln, dass sie doch weitergehen wollen. Ich war schon fast bereit, ihnen nachzugeben, als ich ihn entdeckt habe: Den wunderschönen Hardcover-Schuber von Percy Jackson. Seit Ewigkeiten stand er auf meiner Wunschliste. Wie oft wurde mir gesagt, ich solle doch den Taschenbuch-Schuber nehmen, er sei doch auch ganz schön, aber ich habe nie aufgegeben.

Da stand er nun, in all seiner Schönheit. Es war so, als hätten sich alle verhassten griechischen Götter zusammengetan, um mir ein Zeichen zu schicken. Und ich habe es wahrgenommen. „Schicksalshaft" wäre das Wort, dass diese Situation am besten beschreiben würde.

Beinahe ehrfürchtig habe ich den Schuber aus dem Regal gehoben. Noch nie in meinem Leben ist mir der Gang zur Kasse einfacher gefallen als in diesem Moment. Mit den fünf bereits geretteten Büchern und dem Schicksals-Schuber habe ich an diesem Tag die Buchhandlung verlassen und bereue nichts. Auch wenn sich durch diesen Einkauf die Anzahl meiner physisch in meinem Regal stehenden Bücher auf stolze 557 Stück erhöht hat.

Jeglicher Fokus auf unseren weiteren Aufenthalt in der Stadt war mir abhandengekommen. In meinem Kopf war ich bereits dabei, meine Regale so neu zu arrangieren, dass mein Schicksals-Schuber einen von jedem Ort in meinem Zimmer gut sichtbaren Platz erhält. Auch die Plätze für die anderen fünf Bücher mussten gut durchdacht sein.

Es wurde eine lange Nacht mit dem Neusortieren meiner Bücher und ich liebte es!

Für mich gibt es kaum ein befriedigenderes Geräusch als das Zuklappen eines Buches und kein Geruch auf dieser Welt beschreibt das Wort „Liebe" mehr als der eines neuen Buches. Das Gefühl der Schutzumschläge auf meiner Haut, das raue Kitzeln der Seiten, wenn ich umblättere, ist für mich schöner als Sex.

Der Rausch, wenn ich mich in neue, immer fantastische Welten vergrabe und die Flucht aus der

Realität, die sie mir gewähren, ist besser als jeder Orgasmus in meinem Leben.

Heimat ist für mich der Ort, an dem meine Bücher sind. Ich bin ein Niemand ohne sie.

Über die letzten Jahre hat meine bedingungslose Liebe zu Büchern Ausmaße angenommen, die niemand nachvollziehen kann.

Mein Freund hat sich von mir getrennt, weil ich meine Bücher mehr geliebt habe als ihn.

Meine Freunde und Familie erkennen mich kaum noch wieder. Immer habe ich ein Buch bei mir. Selbst auf der Hochzeit meiner Mutter hatte ich ein Buch in meiner Handtasche.

Nach Monaten des Bettelns und Flehens meiner besten Freundin habe ich beschlossen, mir Hilfe zu suchen – und dann diesen Text zu schreiben.

Anfangs hat es mir wirklich sehr geholfen, mit anderen über mein Problem reden zu können. Denn ich muss mir eingestehen, dass ich wirklich ein Problem habe: Ich bin süchtig nach Büchern.

Wobei es da auch Schlimmeres gibt.

Vielleicht zieht euch diese Geschichte oder eine der anderen in diesem Buch auch so in den Bann, dass ihr euch von der wundervollen Welt der Bücher weiter entführen lasst.

Es lohnt sich!

Harry Kienzler

Harry Kienzler wurde 1979 in Stuttgart geboren und ist Slam Poet, Autor, Kabarettist sowie Improschauspieler. Er ist beim legendären Improvisationstheater in Tübingen sowie Esslingen aktiv und seit 2004 ein wahres Urgestein der Tübinger Poetry Slam-Szene.

Neben eigenen Soloprogrammen war er viele Jahre lang gemeinsam mit Jakob Nacken als Duo „Harry & Jakob" auf Kleinkunstbühnen unterwegs. Mit ihrem Programm gewannen sie schon diverse Auszeichnungen, unter anderem den Kleinkunstpreis Baden-Württemberg.

Mehr unter: www.harrykienzler.com

Philosophier mit mir!
Von Harry Kienzler

Philosophier mit mir!
Philosophie hat viel zu sagen,
doch eine von den letzten Fragen,
die immer noch offen bliebe:
Wie steht's bei Ihnen um die Liebe?
Gibt es da vielleicht gewisse
Unterschiede in Prämisse,
Form und innerer Gestalt,
zu anderen auch im Gehalt?
Trifft man sich denn auch real
oder nur im Ideal?
Ist da die Physis auch dabei?
Und ist der Wille dabei frei?

Wie läuft ein Philo-Rendezvous?
Da sag' ich Folgendes dazu:
Bei einem Philosophen-Date
kommen beide stets zu spät,
weil man bis gerade nochmal schlief,
Zeit ist schließlich relativ.
Doch ist das Dasein bald präsent,
ich frag mich: Bin ich existent?
Doch da bist du und siehst in mir,
was ich in dir seh': Wir sind hier.
Und da kommt auch der Kellner schon,
es startet das Symposion.

Wir öffnen die Getränkekarten,
um gleich den Dialog zu starten.
Du denkst vielleicht: „Der ist ja nur dumm.“
Doch ich verführ dich ad absurdum.
Wenn ich dir das Herz erwärm’
mit einem singulären Term
bist du sofort für mich entbrannt,
hast mich mit Urteilskraft erkannt.
Schon als du eintratst, sagst du, fand isch
unser Treffen echt semantisch.
Ich weiß, wie es um uns bestellt ist:
Das wird ein Produktionsverhältnis.

Nach dem Befeuchten unsrer Kehle
tanzen wir mit Leib und Seele.
Wir bewegen uns harmonisch
und alles andre als platonisch.
Vom Übermensch werd’ ich zum Tier.
Ich frag: Zu mir oder zu dir?

Du lockst mich in deine Kombüse
und dann gibt’s Diskursanalyse.
Weil wir es doch beide wollen
gehen wir vom Sein zum Sollen.
Dann sag ich: „Du bist ja echt nackt.“
Du: „Hier geht’s nicht um ’nen Sprechakt.“
Ich sehe dich nun, rein und pur
und denk: „Das ist mal ’ne Struktur.“

Es wird schon beim ersten Mal
offenbar transzendental.
Kam dir das bisher noch fad vor,
werd’ ich für dich zum Nominator.
Wenn ich dich in die Federn hief’,
wird die Lust Imperativ.
Du entdeckst mich voll und ganz
samt meiner res cogitans.
Wir gehen vorwärts ohne Kehre
und pfeifen auf die Tugendlehre.

Was wir nun tun sprengt ohne Panik
selbst die Newtonsche Mechanik.
Geht die Redefigur schief,
machen wir es rekursiv.
Was wir da tun ist nichts für Lämmer:
Das Gefangenendilemma!

Bevor die Klimax ganz erreicht ist,
kommt es noch zum Höhlengleichnis.
Bald, nach ein paar Stunden schon
spüren wir Dekonstruktion.
Und dann ist die Nacht schon rum.
„Verlass nun mein Kontinuum“,
sagst du. „Wie wärs mit Wiederholung?“,
frag ich und gehe aus der Wohnung.
Du sagst mit halb gesenktem Blick:
„Das war echt Metaphysik!“

Xenia Stein

Seit über zehn Jahren tritt die 1998 geborene Slam Poetin Xenia Stein mit liebevoll gereimter Streberlyrik auf Bühnen im deutschsprachigen Raum auf. Mit humorvoll-intelligenten und sprachlich raffinierten Wortschleifereien schafft sie es, jeden Sprachliebhaber in ihren Bann zu ziehen.

Sie studierte Mathematik und Physik an der Universität Tübingen, wo sie nun am Hector-Institut für empirische Bildungsforschung promoviert. Auch gibt sie ihre Schreiberfahrung weiter, indem sie Workshops hält, in denen die Teilnehmenden ihren eigenen Zugang zum Poetry Slam finden.

Mehr unter: www.fb.com/poesiesteine

Bauch, Beine, Poesie
Von Xenia Stein

Ich habe eine App, in der ich mir aus verschiedenen Übungen, die jeweils genau 30 Sekunden dauern, ein eigenes Workout zusammenbasteln kann. Das ist motivierend. Auch deshalb, weil so ein Workout insgesamt nur sieben Minuten dauert – zwölf Übungen mit einer Pause eben. So bringt die Mathematik den Nerd zum Sport. Eine wirklich spannende Idee. Doch ich hatte eine Bessere, um das Ganze noch mehr zu personalisieren: Ich ersetze einfach jeden Fitness-Move durch eine poetische Übung. Mein poetisches Power-Workout.

Es heißt: Bauch, Beine, Poesie.

Am Anfang Aufwärm-*Alliterationen*,
Silben strecken, Sprache stretchen,
Worte walzend warm werden,
mein musischer Muskel macht mit.

Bauch biegt Beine bis Bögen brechen,
Fersen finden freilich feine Füße,
Versfüße verlieren viele Veilchen
immer ins Innere ihrer Initialen.

Eins, zwei, drei – *Trikolon* im Trikot,
Bauch, Beine, Poesie, oben, unten, Seite,

Strecken, Beugen, Dichten,
Worte werfen, heben und gewichten.

Sechs, sieben, acht – höher, besser, weiter,
mit Workout, Performance, Gedicht.
Wieso? Weshalb? Warum?
Für mich, für dich, für alle.

Meine Stilmittel, meine *Anapher*,
gleiche Wörter, gleicher Anfang,
gute Wortwahl, gutes Training,
noch einmal, noch zweimal.

Oder dreimal, oder viermal!
Wie Klimmzüge, wie Liegestütze,
tiefe Atmung, tiefe Bedeutung,
Ende der Strophe, Ende des Vers'.

Metaphern sauge ich mir wie Limonade
aus Strohalmen aus meinen Fingern,
bis die Zeilen daraus hervorspringen
und sich zentnerweise vor mir stapeln.

Lyrische Kniebeugen verbiegen Bedeutungen,
Silben brechen als schlagende Wellen
an der Küste vor meinem inneren Auge,
das trainiert mit bei der verbalen Weinlese.

Ausgelassene *Ellipse*, Wort fehlt,
weglassen: Kennste? Kennste? Beste Übung.
Ist okay, Gedicht am Laufen, laufen geht,
schon dabei, Gesicht rot, Hände angestrengt.

Mache weiter, hoch, runter, schreiben.
Wer dran? Immer ich! Unfair. Wer da?
Kann mal wer anders? Nee, klar.
Was noch? Nächstes Stilmittel!

Die weltbesten *Hyperbeln* trainiere ich
mit allen Mitteln, die es überhaupt gibt,
die epischste Lyrik aller lyrischen Epen,
der Absatz wird perfekt wie Ovids Elegien.

Ein Fest der geballten Übertreibung,
ein Gedicht alle Stilmittel zu verbinden,
dass die Dichterfürsten neidisch werden
und ihr Antlitz in den Olymp stürzen.

Die ... *Pause* ... ohne ... Worte ...
Ist ... mein ... liebstes Stilmittel ...
Laaaange Aaaaatempause.

Eins durch zwei, ein *Hendiadyoin*.
Wäre schön und gut, adäquat und passend,

trainierte Fitness, macht mich ganz holistisch,
wortgewandt wie eloquent.

Zeile wird Vers, Strophe wird Absatz,
alles und jedes wird doppelt und zweifach benannt.
Welches Wort von einem Begriff beschreibt mich?
Dichterin? Sportmuffel? Sind das schon Synonyme?

Feine *Reime* such' und leime ich zusammen,
ist der Reim auch binnen, kein Entrinnen gibt es
von der Sportart zwischen Laut- und Wortart,
die, wer sie richtig kennt, gern Dichten nennt.

Gehoben kein Gewicht, geschrieben ein Gedicht,
noch eine daktylische Hebung, eine Schwebung,
doch mein Kreuz wird nicht breit sein
und nicht mal ein Kreuzreim brächte Schwung rein.

Eine gezwitscherte *Onomatopoesie*,
trä-ä-älllere ich LAUTmalerisch,
Hech-chelnd, keuch-chend, rassselnd,
prasssseln Worte, weiiiche – harTe.

Ächzend lechze ich nach Jamben, yummy!
Kling-klang, der Groschen fällt mir auf den Fuß.
AUA! Jede Übung klingt wie Sport, trieft akustisch:
Ich mach' den Flickflack, Kuckuck, Plitsch-Platsch.

Doch am Schreibtisch fühle ich mich wohler
als ich es beim Bankdrücken je könnte.
Und ja, dieser *Vergleich* hinkt,
doch niemals so sehr wie ich nach dem Sport.

|:*Wiederholung*:|repetitiv wiederholen
|:Wiederholung:|repetitiv wiederholen
|:Wiederholung:|repetitiv wiederholen
|:Wiederholung:|repetitiv wiederholen

Ich finde ein mögliches *Oxymoron*
in unausgesprochenem Spoken Word,
das poetische Workout ist nun mehr
kein wahrer Widerspruch für mich.

Doch in aller Gedankenlosigkeit weiß ich
an jedem gestrigen Tag der Zukunft
wird selbst ein poetisch-trainierendes Ich
eine leere Hülle voller Unmöglichkeiten sein.

Sören Pischki

Bereits zu Schulzeiten gab der 1986 in Dessau geborene Sören Pischki in Rap- und Rockbands seine selbstverfassten Texte zum Besten. Er studierte Maschinenbau in Dresden und arbeitete als Konstruktionsingenieur. Später zog er für vier Jahre nach Thailand, wo er ein Designteam leitete.

Neben seiner Arbeit schreibt Sören Pischki humoristische Alltagsgeschichten und malt Acrylgemälde. Seit seiner Rückkehr nach Deutschland brachte er 2020 das Buch „Schlafentzug im Schlafanzug" heraus und tritt regelmäßig bei Poetry Slams auf, wo er den Osten der Republik vertritt.

Mehr unter: www.fb.com/pischki

Der Ingenieur & die Barbie
Von Sören Pischki

„Papa! … Paaapa! … PAAAPPPAAAAAA!"

„Was is'? Ich bin auf Toilette!!!"

„KOOOMMM SCHNELL HEEEEER!!"

Ich sprinte zu meiner Tochter, stolpere dabei über meine auf halb acht hängende Hose und sehe sie glücklich-verträumt vor ihrem Puppenhaus sitzen: „Was ist denn passiert?"

„Kannst du mit … kannst du mit … kannst duuhuuu … ähh …", beginnt sie und ich vermute, dass mich bald jemand Sonnenbebrilltes im schwarzen Anzug zwischen einer roten und blauen Pille entscheiden lässt, „Kannst du mit … kannst du … kannst du mit mir Püppis spielen?"

„Okay, ich dachte, es ist was Schlimmes passiert. Na los! Lass uns spielen", antworte ich erleichtert und ziehe meine Hose hoch. Sie nimmt ihre Barbie, schaut mich an und fragt: „Bist du krank?"

„Nein, mir geht's gut. Danke der Nachfrage."

„Falsch! Nein! Du sollst nicht *so* sprechen! Sprich wie ein Mädchen!"

Ich nehme die Barbie in die Hand und antworte mit hoher Stimme: „Nein, ich bin nicht krank!"

„Neihein! Ganz falsch, du sollst sagen: ‚Ja, ich hab' mir das Knie gebrochen!'"

Was geht denn jetzt ab?

„Also gut: Mein Knie tut weh!"

„Gebrooocheeen!!!"

„Mein Knie ist gebrochen!"

„Da brauchst du wohl eine Spritze. Aber gar keine Angst, tut gar nicht weh!", strahlt meine Tochter und rammt mir ihre Spielzeugspritze in die Kniescheibe. Es tut weh. Ich reibe mir übers Knie.

„Hey, sollte die Spritze nicht für Barbie sein?"

„Deine STIMMEEEE!"

„Okay, okay", erwidere ich mit hochverstellter Stimme und bewege dabei die Barbie: „Sollte ich nicht die Spritze bekommen und nicht der Papa, weil ich habe doch…"

„Sei leise und zieh' jetzt das Kleid an!", unterbricht sie mich harsch und versucht, der Barbie von allen Seiten ein winziges Puppenkleid überzuziehen – oder eher zu würgen. Das sieht schmerzhaft aus. Spätestens jetzt wäre die Kniescheibe durch.

„Papa, kannst du mir helfen?"

„Kein Problem! Gib mal her!", antworte ich, bin aber selbst unschlüssig, was zu tun ist. Wie soll denn bitte der Arm in den Ärmel passen? Logisch wäre, dass die Puppe von oben in das Kleid steigt, aber dieser abgespreizte, störrische Barbiedaumen passt da doch niemals durch!

Ich verbiege den Daumen mit voller Kraft. Meine Tochter schaut entsetzt, bleibt aber ruhig. Okay, der Daumen müsste also im Normalfall ausgekugelt werden! Ich drücke, stampfe, quetsche und reibe die Barbie irgendwann mit Butter ein. Vergeblich. Außer einem abgebrochenen Fingernagel habe ich bislang nichts vorzuweisen.

Das kann doch alles nicht wahr sein! Ich bin Diplom-Ingenieur! Ich entwickele Motoren, die mit Wasserstoff fahren! Da werde ich doch wohl noch ein popeliges Stück Stoff auf ein Stückchen Spritzguss-PVC bekommen.

Ich krame aus meinem Schubfach das Buch über Fertigungstechnik heraus. Kapitel: Aufschrumpfen. Nach einer halbstündigen Recherche folgt eine schnelle Berechnung und ein Blick ins Tabellenbuch. Der Stoff des Kleides ist nicht genau spezifiziert. Ich stecke also die Puppe ins Eisfach und das Kleid in die Mikrowelle bei mittlerer Hitze.

Meine Tochter hatte nach meinem Kurzvortrag über kraftschlüssige Verbindungen und Übermaßpassungen das Interesse verloren und spielt inzwischen im Wohnzimmer mit einem Puzzle.

Nach der Entnahme des Kleides und der Barbie, der Verwendung zweier Schraubzwingen und dem Kauf eines geeigneten Schmiermittels habe ich es geschafft. Kaum zu glauben!

Das Kleid ist zwar fleckig und ein bisschen zerrissen, aber das Ergebnis scheint mir ob der Umstände trotzdem zufriedenstellend zu sein. Stolz präsentiere ich meiner Tochter das Ergebnis.

„Das sieht hässlich aus! Sie soll lieber eine Hose tragen", fällt ihr Urteil aus.
„Geht klar", antworte ich, „Ich hole schonmal den Bunsenbrenner und die Flex."

Bonustext

Reim-Theorie: Der Doppelreim
Von Sören Pischki

Nach dieser ersten Kurzgeschichte von mir, möchte ich mich in diesem zweiten Text dem Thema „Reim-Theorie" widmen. Ich möchte die mir sehr ans Herz gewachsene Form des Doppelreimes erklären und dabei bereits bekannte, aber auch ein paar von mir entwickelte Unterkategorien vorstellen. Zu Beginn allerdings die Definition:

Der Doppelreim basiert auf dem Reim zweier mehrsilbiger Wörter. Diese wurden besonders gern in der Rapmusik der 2000er Jahre verwendet.

Ein Beispiel gefällig?
„Im Suff ist meine Wanderkraft
zumeist etwas mäanderhaft."

Eine spezielle Unterart dieses Reimschemas ist der Schüttelreim, bei dem lediglich die ersten Buchstaben der beiden Wortbausteine ausgetauscht werden. Ein Bespiel, weil wir doch gerade beim Thema „Rap" waren:
„Ich stehe auf der Rolltreppe,
auf der ich wie ein Troll rappe."

Versucht man, diese Reimformen in der täglichen Kommunikation mit der eigenen Partnerin oder dem eigenen Partner anzuwenden, ergeben sich weitere Subtypen. Stellen wir uns einmal vor, die geschätzte Ehepartnerin oder der werte Lebensabschnittsgefährte hätte einen Nudelsalat zubereitet, der geschmacklich eher an eine dekadlich gesäuberte Regenrinne erinnert. Hieraus ergeben sich drei Doppelreim-Varianten, die gewählt werden können:

1. **Der sichere Doppelreim**, *manchmal auch als verlogener Doppelreim bezeichnet.*
Beispiel: „Nach diesem fantastischen Nudelsalat mach' ich doch direkt einen Jubel-Spagat."

Anwendung: Bei ganz frischen Beziehungen kann der „sichere Doppelreim" empfohlen werden.

Bei schon länger bestehenden Partnerschaften, bei denen die Bindung vor allem auf Angst vor der Lebensgefährtin oder dem Lebensgefährten fußt, ist diese Reimform ebenfalls möglich. Die Gefahr ist dabei allerdings eindeutig, dass das neue Rezept anschließend ins Repertoire aufgenommen und nun regelmäßig serviert wird.

2. Der höfliche Doppelreim, *auch als gesichts-wahrender Doppelreim verwendbar.*
Ein Beispiel liefere ich auch hier:
„Ja, dies ist ein sehr netter Nudelsalat.
Hast du als Option Apfelstrudel parat?"

Anwendung: Diese Spielart der Doppelreim-Kunst kann besonders in Gegenwart von fremden Mitessenden benutzt werden. Man weist mit dem negativ vorgeprägten, aber dennoch positiv anmutenden Wörtchen „nett" auf den Vomitat herbeiführenden Geschmack des Mahls hin und bietet zugleich einen Alternativvorschlag an. Somit wird die kochende Person weder bloßgestellt, noch läuft man zu sehr Gefahr, erneut mit diesem etwas teureren Düngemittel konfrontiert zu werden. Es handelt sich also um eine Form für Jede und Jeden, mit der nicht allzu viel falsch gemacht werden kann, sofern die Dame des Hauses keinen IQ im zweistelligen Bereich mit Komma in der Mitte hat.

3. Der krasse Doppelreim *oder alternativ auch vernichtender Doppelreim.*

Auch hier ein Beispiel:
„Nach einem Verzehr von dem Nudelsalat
fühlt sich danach sogar der Pudel malad."

Anwendung: Wenn eine Beziehung möglichst schnell beendet werden soll, wird diese Variante des Doppelreimes empfohlen. Dabei besteht allerdings auch die Gefahr, dass man neben dem Partner oder der Partnerin auch ein paar Zähne einbüßt. Eine weitere Nötigung, ein derartiges Gericht wie den Nudelsalat nochmal probieren zu müssen, kann dabei allerdings ausgeschlossen werden.

Ich hoffe, meine Ausführungen waren verständlich und können nun individuell in den Alltag integriert werden. Um zum Abschluss die eine häufig gestellte Frage direkt abzufangen, gibt es hier noch die kürzeste FAQ-Sektion der Welt:

Warum muss man eigentlich auf ein Essen mit einem Reim reagieren?
Wenn man ohne Freude im Leben auskommt, kann man auf Reimformen grundsätzlich verzichten.

Khaaro

Seit 2015 tritt Khaaro auf Poetry Slam-Bühnen in der gesamten Republik auf und schafft es dabei meistens, nicht zu stolpern. Abseits der Bühne hat sie 548 Semester lang Maschinenbau studiert und arbeitet mittlerweile als Ingenieurin in Offshore-Windparks. In ihrer Freizeit klettert sie und spielt sehr gern, egal ob auf Brettern oder Papier, mit Stiften und Würfeln oder mit Maus und Controller. Ihre Lieblings-Eissorte ist Pistazie (weil es grün und lecker ist, wie Luigi), ihr Lieblings-Pokémon ist Tragosso (wegen des Dickschädels) und ihre Lieblings-Dinos sind Triceratopse (weil sie horny sind).

Mehr unter: @inkredible_khaaro auf Instagram

Liebesbrief in Grün
Von Khaaro

Wir kennen uns nun schon seit vielen Jahren
in denen wir stets gute Freunde waren.
Und ich weiß, das mit dir war nie mehr als ein Spiel,
aber eins, das mir schon immer mehr als andere gefiel!
Es ist an der Zeit, dass ich dir gestehe,
dass ich mehr als nur einen Freund in dir sehe.

Mir gefällt dein italienisches Temperament,
und ich lausche so gern deinem heißen Akzent.
Und auch wenn Schnurrbärte nicht jedem stehen,
an deinem schaff' ich's kaum, mich sattzusehen.

Wer hätte gedacht, dass ich mal auf Latzhosen stehe
und einem Klempner meine Liebe gestehe?
Doch du bist abenteuerlustig und mutig und kühn.
Seit ich dich kenne, ist meine Lieblingsfarbe grün!

Luigi, wir kennen uns nun schon seit vielen Jahren,
seit meine Schwester und ich noch Kinder waren.
Uns offenbarte sich damals eine ganz neue Welt,
als mein Vater uns deinen Bruder und dich vorgestellt.

Dabei, Luigi, ich muss es ehrlich gestehen:
Zuerst hatte ich es nur auf deinen Bruder abgesehen.
Ja, meine Schwester und ich, wir zogen ihn beide vor –
ein Kampf, den ich als Jüngere meist verlor.

Doch so begann ich, dich kennen zu lernen
und von deinen Qualitäten zu schwärmen.

Denn du warst nicht nur größer, nein,
du bist auch stets höher gesprungen,
als es dem kleinen Mario jemals gelungen.
Bald schon besiegten wir zwei meine Schwester und ihn,
und seitdem waren wir ein verdammt tolles Team!

Luigi, was haben wir nicht alles erlebt zusammen?
Durch dick und dünn sind wir zwei gegangen!

Wir reinigten die Abwasserkanäle von fiesen Schildkröten
Und retteten die Prinzessin aus miesesten Nöten.
Gut, ab und zu lenkte ich dich in den Tod,
aber was läufst du auch in den Abgrund, du Idiot?

Ich verbrachte kaum noch ohne dich Zeit,
mich von dir zu trennen war ich selten bereit.
Meine Eltern mahnten mich, mich zu besinnen,
doch ich wollte mit dir das nächste Level beginnen.

Sie sagten, dass unsere Beziehung zu einseitig sei,
dabei waren wir uns immer einig, wir zwei.
Zumal ich immer sehr genau wusste,
welche Knöpfe ich bei dir drücken musste.

Meine Schwester wollte bald Abstand von Mario,
und riet mir: „Mach es lieber auch mit Luigi so!

Such dir echte Freunde und leb ein echtes Leben."
Dabei konntest *du* mir doch sogar eins extra geben!

Wir zwei amüsierten uns doch über alle Maßen,
vor allem, wenn wir zusammen Pilze aßen.
Dann warst du der Größte, kanntest kein Hindernis,
mit dem Kopf durch die Decke – kein Kompromiss!

Ich holte die Sterne vom Himmel für dich,
und zum Dank wurdest du unbesiegbar für mich.

Wir beide konnten auch Draufgänger sein,
denn zwar hatte ich noch keinen Führerschein,
aber es hat mich einfach schon immer gereizt,
wie du todesmutig über die Rennstrecke heizt!

Im sportlichen Wettkampf gegen unsere alten Rivalen,
ein faires Rennen, um es ihnen heimzuzahlen!
Wir drehten Runde um Runde –
und sind wir mal gescheitert,
dann wurde mein Vokabular erweitert:
*Bowser du verf***tes Stück Sch***e!*
Deine Drecks-Banane kannst du dir sonst wohin stecken!
*Sch***-Drachenar***gesicht-Wi**er!*

Später lieferten wir uns grobe Schlägereien
und kannten dabei partout kein Verzeihen:
Selbst Prinzessin Peach setzten wir ordentlich zu
und aus Toadette machten wir Pilzragout.

Mit Mario konnten wir die besten Partys feiern
und mit Yoshi bewarfen wir alle mit Eiern.

Luigi, wir kennen uns jetzt schon seit vielen Jahren
und es stimmt, dass wir uns auch mal untreu waren.

Ich wirbelte mit Crash Bandicoot wild umher
und mochte auch Sonic, diesen verrückten Igel, sehr!

Mit Spyro und Sparx flog ich durch das Drachenreich
und machte Gnorc dem Erdboden gleich.
Mit Link ritt ich über Hyrules Weiten,
wo wir am Ende Prinzessin Zelda befreiten.

Und dann waren da noch Rattfratz und Rattikarl,
Nidoran und Nidoqueen,
Habitak und Ibitak,
Enton und Entoron,
Piepi und Pixi,
Abra, Kadabra und Simsala
und Evoli
und Dragonir
und Relaxo
und Pikachu
und Glurak
und… ach ja: und dreizehn tausend Zubats!

Doch irgendwann hab’ ich mich immer nach dir verzehrt
und bin stets zu dir zurückgekehrt.

Luigi, wir kennen uns jetzt schon seit so langer Zeit
und wir sind für ein neues Level bereit!

Lassen wir die Prinzessin Prinzessin sein
und springen und rennen wir in die Welt hinein!
Ich will sein, wo immer du bist –
selbst wenn das ein Unterwasserlevel ist.
Wir fahren auf dem Regenbogen Boulevard
in den Sonnenuntergang
und singen dabei unseren Lieblingsgesang:

Dustin Werle

Dustin Werle ist Psychologe aus Tübingen. Neben seinen 50-Stunden Arbeitswochen schreibt er wie besessen Romane, die er nicht veröffentlicht, Lieder, die man nicht einmal auf Spotify findet, und Lyrik, mit der er vergisst, auf Poetry Slams aufzutreten. 2011 fand er erstmals den Weg auf die Bühne, die ihn seither anzieht wie die flackernde Kerze eine liebestrunkene Motte.

Der Hobbyschriftsteller ist erst dann mit seinen Texten zufrieden, wenn sich jede einzelne Silbe reimt oder niemand mehr so recht versteht, worum es geht. Zudem spielt er begeistert Pen & Paper.

Mehr unter: @dustinwerle auf Instagram

Die Würfel sind gefallen
Von Dustin Werle

„Bleib einfach kurz dran, ich muss nur schnell meinen Zug machen, dauert nicht lang", sage ich zu meinem Vater in mein Handy. Er hatte mich wider besseres Wissen an einem Donnerstagabend angerufen – dabei ist der eigentlich verplant.

Ich schalte mein Laptop-Mikrofon wieder auf laut: „Ich gebe einen Ki-Punkt aus, um mit Step of the Wind als Bonusaktion zu dashen, würde mich hier zum Flanken hinstellen und zweimal mit meinem Phoenix Talon die Schlingpflanze angreifen."

„Alles klar, würfle deine Angriffe", höre ich die Stimme meines DMs aus den Laptoplautsprechern.

„…26?", frage ich, nachdem ich das Ergebnis meines Würfelwurfs mit meinem Dexterity-Modifier, dem Proficiency-Bonus und dem +2-Bonus der Waffe verrechnet habe.

„Trifft!"

„Dann sind das, warte, zwölf Slashing- und fünf Fire-Damage."

„Du versengst einige der Blätter, aber die Pflanze scheint sich gerade noch so zusammenhalten zu können."

„Dann nochmal! …21?"

„Trifft auch!"

„Neun Slashing- und drei Fire-Damage."

„Damit schlägst du die Ranke glatt durch und
die Pflanze sackt auf dem Boden zusammen."

„Perfekt, dann bin ich fertig", sage ich und no-
tiere mir noch 19 temporary Hitpoints, die ich auf-
grund meiner Touch of Death-Fähigkeit bekomme.

Ich schalte mein Mikrofon wieder auf stumm
und nehme mein Handy in die Hand.

„So, was gibt's denn?", frage ich meinen Vater.
Es entsteht eine lange Pause, auf die er irgendwann
fragt: „Und, ähm, war das jetzt ein guter Zug?"

Ich lache.

Unter Eskapismus versteht man laut Duden, vor
der Realität und ihren Anforderungen in Illusionen,
Zerstreuungen oder Vergnügungen auszuweichen.
Montag bis Freitag wechselt meine Realität zwischen dem therapeutischen Arbeiten in einer Klinik
und der Tätigkeit als Wissenschaftler an der Universität. Meine Anforderungen bewegen sich irgendwo
zwischen lästigen Fehlern in Auswertungsskripten
und dem Begegnen suizidaler Krisen.

Doch die Dienstag- und Donnerstagabende
gehören seit Jahren weder der Realität noch ihren
Anforderungen. Jene Abende sind magische Zeiten,
die sich wundergleich allen irdischen Nöten entzie-
hen. Abende der Illusion, der Zerstreuung, des Ver-
gnügens. Abende, an denen es ausnahmsweise nicht

gilt, lästige Arztbriefe an die Rentenversicherung zu schreiben oder Kongressbeiträge vorzubereiten, für die sich ohnehin niemand interessiert.

Nein. An diesen realitätsentrückten Abenden kämpfe ich Woche für Woche, Monat für Monat, Jahr für Jahr in fallendurchzogenen Verließen und gegen düstere Drachen – der angespitzte Bleistift mein Schwert und der zerknitterte Fresszettel mein Schild. Meine treuen Gefährtinnen und Gefährten mal neben mir am Tisch, meist jedoch online zugeschaltet. Das Leben ist vielseitig. Doch dienstags und donnerstags ist es genau zwanzigseitig.

Ich baute eine friedliebende Kolonie auf einem fliegenden Felsen auf und verteidigte diese gegen die imperialistischen Pläne einer expandierenden Großmacht.

Ich segelte als Piratenkapitänin über die weiten Weltmeere, um mit meinem Rapier und Charisma für Gleichberechtigung zu kämpfen.

Ich lauschte dem Lied der strahlenden Sterne, das von einer schicksalhaften Zukunft zeugte.

Ich erweckte nach fast 100 Jahren der ständigen Suche meinen besten Freund von den Toten.

Zurück in der Realität, begegnen mir dabei immer wieder zwei Fragen. Die Uninteressantere der beiden lautet: „Was ist eigentlich dieses Pen & Paper?"

Hierzu ein kurzer, unzulänglicher Erklärungsversuch: Ein Spielleiter denkt sich eine Welt aus und jeder Spieler einen Charakter, den er oder sie darin verkörpern möchte. Die Handlungen des eigenen Charakters werden dabei verbal beschrieben und der Würfel entscheidet über Erfolg oder Misserfolg. Die Frage nach „diesem Pen & Paper" wird mir übrigens fast so häufig gestellt wie: „Was genau ist eigentlich Psychotherapie?", aber das würde an dieser Stelle zu weit führen.

Die Interessantere der beiden Fragen nach Pen & Paper ist, ob es nicht langweilig werde. Meine Antwort nach tausenden und abertausenden Stunden des Spielens ist ein klares: „Nein!"

Aber wieso eigentlich? Wieso wird Pen & Paper nicht langweilig? Worin besteht die aberwitzige Anziehungskraft, die mich seit fast zehn Jahren so fesselt? Diese Antwort ist vielleicht nicht zwanzigseitig, sicher aber vielseitig.

Es liegt etwas sonderbar Befreiendes darin, für einige Stunden in der Woche aus der eigenen Haut zu fahren und sich ganz in einen anderen Charakter zu versenken. Sich derart lang mit der Frage zu beschäftigen, wie der Charakter, den ich mir ausgedacht habe, in dieser Situation wohl reagieren würde, bis sich schließlich – nach Wochen, Monaten, Jahren – eine neuartige Intuition in einem

herausbildet und man die Antwort, ganz ohne nach-
zudenken, kennt. Bis man schlicht und ergreifend
weiß, was die eigene Figur tun würde, wie man es
eben in der Realität von sich selbst weiß.

Mancher Tage wohnt eine Leichtigkeit darin,
das eigene Schicksal dem Würfel zu übergeben und
gespannt auf das Ergebnis zu warten, während er
über den Tisch tanzt. Ein klares Sinnbild dessen,
was wir in den Händen haben – und was eben nicht.
Mancher Abende ist es ein unschätzbares Glück,
meine eigenen körperlichen Einschränkungen hinter mir zu lassen und als geschickter Mönch die
Wände hinaufzulaufen. Mancher Nächte bereitet es
mir eine Seelenruhe, meine eigene Sterblichkeit für
einige Momente auszublenden, und mich um die
eines ausgedachten Menschen zu sorgen.

Letztlich gibt es sogar die seltenen Momente, in
denen mich Charaktere, die ich spiele oder gespielt
habe, über das Spiel hinaus in der Realität inspirie-
ren. Mutig zu sein. Nicht aufzugeben. Für das einzu-
stehen, was mir wichtig ist. In manchen mondlosen
Nächten springt ein leuchtender Funke über.

Ja, wieso nur wird es nie langweilig?
Weil es nichts Schöneres geben kann, als die ei-
gene Fantasie, wenn man ihr die Scheuklappen des
Erwachsenseins für einige Stunden abnimmt. Weil

kein Hollywood-Blockbuster mit bombastischeren Spezialeffekten um die Ecke kommen kann als die eigene Vorstellungskraft. Weil kein 4K-120FPS-Triple-A-Videospiel farbenfrohere Bilder entstehen lässt als das innere Auge. Weil im Pen & Paper einfach alles möglich ist. Weil die Antwort auf die irrwitzigsten Pläne und Ideen stets: „Du kannst es auf jeden Fall versuchen", ist und nicht, wie in der Realität zumeist: „Ich lass es doch lieber bleiben."

Pen & Paper ist für mich die Rückkehr zum kindlichen Eskapismus, der es einem erlaubte, stundenlang in ausgedachten Welten unterzutauchen. Gepaart mit dem elaborierten, kreativen Ideenreichtum und dem Durchhaltevermögen des Erwachsenendaseins (und zugegebenermaßen noch der Kaufkraft, sich sinnlos viele, wunderschöne Würfel zu kaufen, die alle so herrlich funkeln).

Und wieso ich auch hoffe, noch im Seniorenheim mit den üblichen Verdächtigen Pen & Paper zu spielen?

Weil mich nichts auf dieser Welt mehr begeistert als Geschichten und deren Erzählungen. Ob es die echten Lebensgeschichten der Menschen sind, die mir gegenübersitzen.

Ob es die Bücher sind, wegen derer ich mir die Nächte um die Ohren schlage, um sie neben Vollzeitarbeit schreiben zu können. Oder, ob es eben besagte, atemberaubende Abenteuer sind, die nur im Kopf und auf Fresszetteln stattfinden, aber doch echte Gefühle hervorrufen.

Pen & Paper ist gemeinsames Geschichtenerzählen und Papier ist der Stoff, aus dem Helden gemacht sind:

Ein Hoch auf die Nachtigall, deren Gesang so schön war, dass die Herzen aller Menschen davon weich wurden.

Ein Hoch auf meinen größenwahnsinnigen Magier, der für seine Tochter einen Drachen als Reittier abrichten möchte.

Ein Hoch auf meinen einäugigen Mönch, der allen anderen Charakteren auf die Nerven geht, wenn er ihnen wieder erklärt, dass sie wie das Blatt im Wind sein müssen.

Ein Hoch auf die großherzige Barbarin, die hinterhältige Katze, den gescheiterten Inquisitor, die Tochter des Dämons und den unehrlichen Diener des Sturmgottes.

Ein Hoch auf grenzenlose Kreativität.
Ein Hoch auf die nie versiegende Ideenflut.
Ein Hoch auf die Geschichten, die wir erzählen.
Ein Hoch auf unsere Fantasie.
Und:
Ein Hoch auf den Eskapismus.

Lenny Felling

Der Mainzer Autor und Comedian Lenny Felling präsentiert nicht nur 1,75 Meter gestammelte Sexyness, sondern auch selbstironische Performances auf den Bühnen der Bundesrepublik. Seine Texte thematisieren beispielsweise sein unnötig großes Musikwissen oder erläutern, wie man Spaß auf Beerdigungen haben kann und warum man stets eine Pokémon-Karte dabeihaben sollte.

Wer dabei helfen will, Lennys Pokédex in einer der ersten drei Generationen zu vervollständigen, kann ihm gerne schreiben. Er ist stolzer Besitzer eines Advance SP und eines Verbindungskabels.

Mehr unter: @lennyfelling auf Instagram/TikTok

Gameboy Advance SP
Von Lenny Felling

Hinweis: Im nachfolgenden Text geht es unter anderem um Pokémon. Doch keine Angst! Für die wenigen ahnungslosen Lesenden erkläre ich kurz das Prinzip, damit ihr die 151 Insider versteht und wisst, warum Pokémon nicht kindisch, sondern durchaus intelligent ist:

In jedem Pokémon-Teil spielt man ein jeweils anderes Kind (dennoch nicht kindisch!), das von einem jeweils anderen Professor ein jeweils anderes Pokémon geschenkt bekommt. Dazu gibt es den Auftrag, es zu trainieren und ein wenig Feldforschung zu betreiben — es gibt schließlich noch zirka 150-800 weitere Pokémon zu entdecken und anscheinend sind alle ausgebildeten Assistenten des Professors zu blöd, sie zu finden. Oder er will etwas Zeit mit der Mutter des Helden verbringen, die *immer* allein zuhause sitzt.

Im Endeffekt sollen also Pokémon gefangen und trainiert — und man selbst der stärkste Trainer der Welt werden. So läuft man als zehnjähriger Knirps allein durch die weite Welt und trifft im hohen Gras auf Pokémon, weil noch niemand den Freischneider erfunden hat. Bei einer Pokémon-Begegnung im hohen Gras hat man insgesamt drei Möglichkeiten:

1. Man kann das Pokémon mit dem sogenannten „Pokéball" fangen. Diesen schmeißt man in Richtung Pokémon und dann saugt der Ball es quasi ein. Mit etwas Glück behält er es auch drin.

2. Man kann es besiegen, um seine eigenen Pokémon dadurch zu stärken.

3. Man kann vor dem Pokémon die Flucht ergreifen, was ein normaler Zehnjähriger vermutlich am Ehesten tun würde.

Ach ja, unterwegs besiegt man mindestens ein Verbrechersyndikat, aber das ist jetzt nicht wichtig.

Da nun hoffentlich alle Lesenden auf einem Stand sind, können wir zum Hauptteil dieses Textes übergehen…

Ich habe neulich Rayquaza gefangen. Rayquaza ist, wie wir alle wissen, eines der stärksten, legendären Pokémon. Trotzdem hatte ich nur meine schwächsten Pokémon im Team dabei. Bereits jetzt werden sich einige unter euch denken: „Aber Lenny, ist das nicht ziemlich töricht?"

Ja, durchaus. Aber nur, wenn man nicht so ausgebufft ist, wie ich. Ich hatte ein Ass im Ärmel, und zwar den Meisterball, den besten aller Pokébälle. Fangquote: 100%. Kein Hickhack, kein Habitak.

Ihr hattet vielleicht gedacht: Oh, das wird aber ein langer Kampf. Ewig Rayquaza schwächen, dann erholt sich das mit „Erholung", dann weiter schwächen, zum Schlafen bringen, Hyperbälle werfen, eigene Pokémon wiederbeleben und heilen, weiter schwächen, zum Schlafen bringen, Hyperbälle werfen und so weiter. Wer kennt's nicht? Irgendwann auch Timerbälle werfen, weil die besser wirken als Hyperbälle, wenn der Kampf lange dauert, aber nein – ich habe die Abkürzung genommen. Erste Runde: Zack, Meisterball.

Die schwachen Pokémon hatte ich nur dabei, um Rayquaza zu trollen. Damit es sich sicher und überlegen fühlt. Was sich sein kleines KI-Hirn wohl gedacht hat: „Haha, Pummeluff auf Level 3, dein Ernst? Problemlos! Oh, was ist das? Ist das ein Meisterba-", zlurp! Damit hat er nicht gerechnet!

Jetzt muss ich mir nur eine Taktik für Latios überlegen. Denn Meisterbälle gibt es genau wie legendäre Pokémon und Bungeesprünge ohne Seil nur einmal. Und Latios flüchtet nach einem Angriff aus dem Kampf. Ich könnte Woingenau einsetzen, wegen seiner Spezialfähigkeit, die dafür sorgt, dass der Gegner nicht fliehen kann. Denn das Problem bei der Sache ist: Wenn Latios flüchtet, weiß man nicht, Woingenau.

Hehe, kleines Pokémon-Wortspiel. Bin ich selbst draufgekommen. Ich weiß, sehr witzig. Deswegen habe ich selbstverständlich eine ganze Menge solcher Witze im Repertoire:

Die Band hat heute bereits ihren achten Turtok.

Konnte doch keiner ahnen, dass der Laden Zubat.

Ahoi, Matrosen – bereitmachen zum Enton!

Pinsir oder kann ich hier pinnen?

Wie du dich entscheidest, ist Evoli egal.

Ach, du bist Bi? Bor!

Das Stahlwerk muss leider schließen, es ist Stahlos.

Show must Smogon.

Seeper-Lastschriftverfahren.

Na Seemon einer an.

You say „Tomato“, I say „Traumato“.

Und Lapras but not Least: Kokuna Matata.

Ich mag diese Gags – und Pokémon. Manche mögen mich deshalb als kindisch bezeichnen, besonders, weil ich mir vor Kurzem einen Gameboy zugelegt habe – genauer gesagt einen Gameboy Advance SP. Ich habe ihn mir aber nicht gekauft, weil ich Angst vor dem Älterwerden habe oder mich nach meiner Kindheit sehne. So wie diese selbsternannten „90's-Kids“, die sich selbst dann so nennen, wenn sie wie ich 1996 geboren wurden, weil es einfach besser klingt als „00er-Kid“ – obwohl sie die 90er über damit beschäftigt waren, beim Versuch zu Laufen auf die Schnauze zu fallen und nichts in die Hände bekommen zu dürfen, weil *alles* auf dieser Welt verschluckbare Kleinteile enthält. Aber hey, dafür kennen sie den halben Songtext von „Alles nur geklaut“ – von diesen „Königen“.

Zurück zum Thema. Der wahre Grund, mir einen Gameboy Advance SP anzuschaffen, ist: Mir war einfach langweilig – und ich fühlte mich einsam.

Gut, durch den Gameboy wird sich an Letzterem auch nichts ändern, aber er macht es erträglicher. Und er ist billiger als eine Stunde im Puff, das weiß ich von einem Freund. Es ist für mich nun mal einfacher, ein legendäres Pokémon zu ergattern, als eine Handynummer. Dabei wäre ich gerne jemandes Gameboy, wobei ich euch ein weiteres billiges Wortspiel mit „Highscore" erspare.

Leider gibt es noch keine Pokébälle für Menschen, obwohl das ziemlich praktisch wäre:

„Kevin, es ist spät. Komm rein, ab ins Bett!"

„Ich will aber noch nicht!"

„Ach ja?!"

Zlurp! Großartig, ein wildes Kevin wurde gefangen! Möchtest du ihm einen Spitznamen geben?

Auch in anderen Situationen und bei anderen Leuten wäre es ungemein nützlich, um einfach Ruhe zu bekommen:

„Es gibt auch Rassismus gegen Weiße!"

Zlurp!

„Impfen ist Gift!"

Zlurp!

„Ich find Ed Sheeran ja gar nicht so schlecht!"

Zlurp!

„Was, du hast ‚Game of Thrones' nicht gesehen?! Da hast du aber echt was verpasst!

Also nicht bei den neuen Folgen, die sind nicht so gut, aber vor allem bei den alten!"

Zlurp!

Auch die Gefangenenaufbewahrung würde durch Pokébälle erleichtert, allerdings ein wenig unethisch: „Hiermit verurteile ich Sie zu acht Jahren Pokéball, ohne Chance auf vorzeitige Befreiung."

Ein weiterer Grund, weshalb ich mir den Gameboy Advance SP – oder, wie ihn ich nenne: GASP – gekauft habe, ist, dass ich ihn noch nie hatte, sondern immer nur den alten, den ersten, aus Marmor und den zweiten, den Gameboy Color, in der Pikachu-Ausgabe. Auf beiden Geräten konnte man die dritte Pokémon-Generation nicht spielen, die alle meine Freunde hatten. Deshalb konnte ich nie mit ihnen zocken, Pokémon tauschen und habe nie den Pokédex voll bekommen, aber meine Freunde schon. Da konnte ich mich auf dem Schulhof nicht mehr blicken lassen.

Das ist jetzt aber alles vorbei, schließlich habe ich nun den Advance SP. Endlich kann ich Zeit totschlagen *und* Rache nehmen! Wer zuletzt lacht!

„Hahahahaha!"

He, das war ich. Ich habe zuletzt gelacht!

Dummerweise hat mittlerweile keiner meiner Freunde mehr einen Gameboy, um mit mir zu kämpfen und zu tauschen. Ich dachte, Kinder hätten noch einen, aber Gameboys scheinen inzwischen out zu sein, seitdem die Kids alle Smartphones haben. Außerdem hat Nintendo seit dem Advance SP scheinbar noch weitere Handheld-Konsolen veröffentlicht und der GASP ist dadurch nun „veraltet". Dabei habe ich mich extra an der Grundschule angemeldet, um leichter Kontakte zu knüpfen und an alle Pokémon gelangen zu können. Und um endlich mal beliebt zu sein.

Wie ich es geschafft habe, mich an einer Grundschule anzumelden, fragt ihr euch? Kennt ihr den Gag von den drei Kindern, die sich übereinanderstapeln und dann einen Trenchcoat tragen, um als Erwachsener durchzugehen? Das habe ich auch gemacht, nur umgekehrt! Jetzt bin ich jedenfalls hier auf dem Schulhof, noch immer einsam und der einzige mit Gameboy. Gibt aber Schlimmeres. Wie, wenn man den Gameboy ausmacht und vorher vergisst, zu speichern. Oder Neunziger-Nostalgie. Oder Ed Sheeran. Aber dafür habe ich Rayquaza. Und Mathe ist in der Grundschule lächerlich einfach, da wird noch mit Zahlen gerechnet, nicht mit Buchstaben. Außerdem verdiene ich mir etwas Geld dazu, da ich die Hausaufgaben der anderen mache.

Falls du dir jetzt denkst: „Moment, ich bin auch einsam!", kaufe dir einen Gameboy. Dann können wir Pokémon tauschen – und vielleicht auch Nummern.

Lisa Maria Olszakiewiecz

Lisa Maria Olszakiewiecz wurde in Goch am Niederrhein geboren und studierte Biologie, bevor sie anfing, als Medizinjournalistin zu arbeiten. Nach dem Studium entdeckte sie Poetry Slam als Kunstform für sich und begann damit, humorvolle Lyrik und lebendige Prosa zu verfassen.

2018 zog die Bühnenkünstlerin an den Prenzlauer Berg. Dort trinkt sie Fair-Trade-Latte mit Hafermilch, während sie wie eine Helikopter-Mama ihre Text-Babys pflegt. Im Mai 2022 veröffentlichte die Wahl-Berlinerin ihren Debütroman „Der Tod, der mal vom Leben träumte" im Weltenbaumverlag.

Mehr unter: @elmo_schreibt auf Instagram

Du + ich <3
Von Lisa-Maria Olszakiewiecz

Wir trafen uns im Mathekurs,
du hast mich schüchtern angelacht.
Ich dachte: „Yes, das ist der Typ,
der mir die Hausaufgaben macht."

Ein weirder Lauch mit blasser Haut,
dem sogar mein kleiner Bruder
auf dem Schulhof Milchgeld klaut.
Ein Vogel mit 'nem Gameboy,
der sozial nicht kompetent ist
und vor allem gegenüber Mädchen
sprachlich eher gehemmt ist.

Und so schlossen wir im Stillen
einen streng geheimen Pakt:
Du diskutierst für mich die Kurven,
dafür siehst du meine nackt.

Heute bist du Programmierer,
auf dem Arbeitsmarkt gefragt.
Was ich im Monat so verdiene,
zahlt man dir für einen Tag.
Ja, es stimmt, dass Geld dich sexy macht,
es kompensiert für dein Gesicht,
doch dann erzählst du was von Batman,
Babe, ich fühl' es einfach nicht.

Doch ich weiß, dass deine Zahlenwelt,
sich gar nicht um Gefühle dreht.
Drum erklär ich's dir mit Worten,
die sogar jemand wie du versteht:

Du und ich, wir sind frustrierte Parallelen,
die auf der Schnittpunkt-Suche ihr Ziel verfehlen.
Doch bevor ich es mit dir probiere,
bleib' ich doch lieber allein.
Der Versuch uns zu addieren,
wär' so sinnvoll wie durch null zu teil'n.

Auch wenn du in deinen Träumen
meine Kleidung subtrahierst,
schlafe ich doch nur mit dir,
wenn du mein Notebook reparierst.
Doch wenn mein Leben eine Nummer wär',
kämst du bestimmt an letzter Stelle.
Ich bin Sinus, du bist Cosinus:
Wir liegen nicht auf einer Welle.

Wenn ich A sag', sagst du Pi
und wenn ich frag' warum, sagst du nur 42.
Du hattest bisher kein Corona,
denn dein Nerdsein isoliert dich.
Ich sitz draußen in der Sonne,
trinke Moscow Mule am Meer,
du sitzt tief in deinem Keller
und guckst YouTube komplett leer.

Ich koch' Pasta für die Mädels
und ich lad' sie zu mir ein,
du bestellst dir Party-Pizza
und die isst du dann allein.
Du sagst „Danke" zu Alexa,
wenn sie dir die News serviert,
weil du denkst, sie würde dich verschonen,
wenn sie mal die Welt regiert.

Du sagst, ich soll mir endlich
jemand anderen für mein Notebook suchen,
so oft, wie ich dich frequentiere,
musst du Stunden auf mich buchen.
Also tu ich es wie früher
und ich zeig' mein Dekolletee.
Doch deine Augen kleben fest
bei Lara Croft auf dem PC.

Und plötzlich fühl ich mich betrogen.
Ich sitze seit 'ner Stunde hier
und bin noch immer angezogen.
Normalerweise konkurrier'
ich mit den Models von Nivea.
Doch in diesem Fall sind meine Gegner
Xena und Prinzessin Leia.

Ja wenn ich könnte, würd' ich Scotty bitten:
Beame seine Augen
endlich hoch auf *meine* Titten.

Denn ich will, dass du sie ansiehst,
bitte dich, sie zu berühren,
will diesen Smalltalk von Matrizen
endlich auf Matratzen führen.

Doch mit Wünschen und Gebeten
komme ich nicht an dich ran,
weil ich ja nicht mal Star Wars
von Star Trek unterscheiden kann.

Warum heißt es bitte Lichtschwert
und wie kann man damit schneiden?
Warum kann Harry Potter
sich denn nicht mit Harrys Styles einkleiden?
Wie bitte kann Harley Quinn
auf diesen Schuhen nur laufen?
In welchen Schrank passt Narnia
und wo kann man den kaufen?

Du sagst: Du reparierst mein Notebook nicht.
Und mit einem Mal begreife ich:
Nicht ich bin die Prinzessin,
die es zu erobern gilt.

Ich zittere. Mein Herz schlägt wild.
Ich bin der Takt, du bist der Drummer
oder mal auf Nerd gesprochen:
Du bist Thor und ich bin dein Hammer.

Letzten Monat hab' ich im Keller verbracht
und mir dort in jeder Nacht
alle Star Trek-Folgen angesehen,
nur um dich endlich zu verstehen,
wenn du mir Textnachrichten
auf Klingonisch schickst.

Habe wochenlang gegoogelt,
warum die Antwort 42 ist.
Ja, letzte Nacht, hab' ich daran gedacht
für dich ein Catwoman-Kostüm zu tragen.

Denn obwohl ich eine Allergie
gegen Katzenhaare habe,
schnurre ich in deinen Armen
wie Schrödingers Pussy Cat:
Ich bin hin und gleichzeitig weg.

Denn wenn du dich auf den Nerd einlässt,
verändert sich nicht der Nerd,
sondern der Nerd verändert dich.

Zugegeben, du bist der Bug in meinem Leben,
weil du einen Mass Effect auf alle meine Sinne hast,
denn seitdem ich dich kenne, hab' ich fast
keine freie Steckdose mehr,
denn du hast dich viel zu sehr
in mein Netzwerk eingehackt

und meinen Algo-*Rhythmus*
völlig aus dem Takt gebracht.
Du und ich, wir sind wie Asymptoten,
die sich durch Vektorräume winden
und auf leisen, scheuen Pfoten
immer näher zueinander finden.

Denn du bist der Typ, der mich glücklich macht,
indem er mir Liebesbriefe in HTML verfasst,
der für mich quer durch Mittelerde,
bis auf des Schicksalsberges Gipfel, springt
und mir den einen Ring nach Hause bringt.

Du bist *MEIN SCHATZ* und ich bin Dein.
Denn ich würd' alles mit dir teilen,
um dein Spieler zwei zu sein.
Dafür will ich meinen Beitrag leisten
und mit dir die Quests des Alltags meistern.

Denn du und ich,
wir sind mehr als eine Summe,
wir sind eine Synergie
und ich folg' dir, wenn es sein muss,
auch bis zur letzten Stelle von Pi.

Auch wenn keiner damit rechnet,
gibt's eine Formel für uns zwei.
Ich schreib's auf alle Mathebücher:
DU + ICH <3

David Grashoff

„Früher war nicht alles besser, dafür aber ganz anders", behauptet Autor und Comedian David Grashoff, während er von seinem Alltag als Vater und Nerd schreibt oder erzählt. Gnadenlos ehrlich und erfrischend authentisch berichtet er von den Tücken des Alterns und von den vielen Herausforderungen des Lebens, an denen er bereits gescheitert ist.

David Grashoff veröffentlichte neben seinen Texten in Anthologien auch diverse Rollenspiele und arbeitet für verschiedene Pen & Papers. Gemeinsam mit Fabian Mauruschat präsentiert er den Rollenspiel-Podcast „Kopfkinocast".

Mehr unter: www.david-grashoff.de

Ich will doch nur spielen
Von David Grashoff

Es gibt Tage, an denen ich in den Spiegel schaue und mich frage, wer der alte Kerl ist, den ich dort sehe. Obwohl es ein wenig irritierend sein kann, dass ich inzwischen körperlich näher an Gandalf dem Grauen als an Peter Parker bin, habe ich eigentlich kein Problem damit, älter zu werden.

Manchmal, in seltenen Momenten geistiger Klarheit, wird mir bewusst, dass ich in den rund fünfzig Jahren meines Lebens viele, viele Stunden damit verbracht habe, vor Monitoren, Röhrenfernsehern oder LCD-TVs zu sitzen. Nur um mich dabei krampfhaft an einem Joystick oder Joypad festzuhalten oder nicht minder krampfhaft auf eine Tastatur einzuhacken.

In diesen Augenblicken, in denen ich auf seltsam spirituelle Weise auf mein Leben zurückblicke, kommt es vor, dass ich mich frage, ob ich die Zeit nicht hätte besser nutzen können. Doch auch nach Stunden der inneren Einkehr komme ich immer zu dem gleichen Ergebnis: „Nö!"

Das Zocken hat meinen Horizont erweitert. Ich habe mit zwei Balken und einem Quadrat Tennis gespielt oder mit einer Kugel andere Kugeln und Geister gegessen. Wacka-Wacka-Wacka…

Auf einem Monochrom-Bildschirm habe ich Abenteuer erlebt, die nur aus Text bestanden und sich erst in meiner Fantasie entfalteten. Ich habe als Pirat die sieben Weltmeere bereist und im Maniac Mansion übernachtet.

Ich bin Fußball-Weltmeister geworden und habe in der Half-Pipe den 900er gerockt. Imperien habe ich aufgebaut und andere Imperien niedergebrannt. Ich habe im Zweiten Weltkrieg, im Irak und in Afghanistan gekämpft und den Helghast mit ordentlich Schmackes in den Arsch getreten.

Währenddessen wurde ich in allen erdenklichen Sprachen als „Mutterficker" und „Scheißnoob" bezeichnet, meist von irgendwelchen Kiddies, die weniger Haare am Sack haben als ich unter meinen Achselhöhlen.

Ich bin nur mit einer Taschenlampe und einem tragbaren Radio durch Silent Hill gestreift und habe ein ums andere Mal der Umbrella Corporation das Handwerk gelegt. Ich habe zig Alien-Invasionen verhindert und mehr Monster getötet als Gina Wild Pornos gedreht hat. Ganze Welten habe ich vor dem Untergang bewahrt und mich Doktor Neo Cortex immer und immer wieder in den Weg gestellt, bis mir vom Drehen ganz schwindelig wurde. Ich habe jede erdenkliche Waffe und jeden nur möglichen Zauberspruch verwendet, um das Böse zu bekämpfen. Manchmal war ich sogar selbst das Böse, während ich in den Straßen von Liberty-City, San Andreas und Los Santos mehr Schrecken verbreitet habe als ein Tripper im Puff.

Ich habe bei „The Last of Us" mit Joel getrauert, als seine Tochter gestorben ist und war stolz auf ihn, als er Ellie zur Seite stand. Ich habe mich als Pokétrainer in unzähligen Arenen mit anderen Pokétrainern duelliert und mit George Stobbart die Welt bereist und Rätsel gelöst, bis mir der Schädel qualmte. Ich habe mehr Zombies getötet als Daryl in allen „The Walking Dead"-Staffeln zusammen und habe auf Monkey Island gegen Piraten beim Beleidigungsfechten gewonnen.

Ich habe wütende Vögel auf grüne Schweine geschleudert und bin mit einem dickbäuchigen, italienischen Klempner auf Dinge gesprungen, habe Pilze gefressen und Münzen gesammelt. Ich habe Prinzessin Peach gerettet. Und dann nochmal. Und dann nochmal. Und dann nochmal. Und dann habe ich sie beim Kartfahren abgezogen, diese um Aufmerksamkeit heischende Bitch!

Ich bin durch die staubigen Wüsten Nordamerikas geritten, meinen Colt immer ganz nah bei mir und habe mit eigenen Augen gesehen, wie die Erde nach einem Atomkrieg aussehen wird. Wie Yoda ich habe gesprochen und den Todesstern nicht nur einmal zerstört ich habe. Ich war in Mittelerde, auf Gaia und auf der Scheibenwelt.

Ich habe mich durch Dungeons geschlachtet, auf Kirchtürmen ausgeharrt und bin bei Battlefield kilometerweit durch die Pampa gelaufen, nur um von einem verfickten Camper irgendwoher weggesnipert zu werden.

Jede Minute, die ich in fremden Welten verbrachte, habe ich genossen. Auch wenn ich manchmal so frustriert war, dass mein Joypad Bissspuren davongetragen hat. Auch wenn ich manchmal so müde war, dass ich mitten im schwersten Nuketown-Getümmel eingenickt bin. Auch wenn ich im Sommer manchmal so lange mein rotes Ledersofa nicht verlassen habe, dass ich mit dem Rücken daran festgeklebt bin. Es war jede Minute wert.

Ich habe beim Zocken gelacht, geweint, geflucht, gefeiert und dadurch mehr als ein Leben gelebt. Und ich freue mich darauf, in 30 Jahren im Seniorenheim „Zum glühenden Analogpad" vor meinem 78-Zoll-Fernseher zu sitzen und „GTA 17" zu spielen. Auch der Tod macht mir keine Angst mehr, denn wenn es irgendwann mit mir vorbei ist, warte ich einfach auf den Respawn.

Das Nerdperium schlägt zurück!
Von David Grashoff

„Du kannst mich schlagen, mich erniedrigen, aber meinen Stolz, den kannst du mir nicht nehmen!", brüllte ich ihm ins Gesicht, kurz bevor er mich schlug, mich erniedrigte und mir meinen Stolz nahm. Sein Name war Waldemar und er stellte eine unheilige Mischung aus einem Neandertaler und Charles Manson dar. Da sich sein IQ in Bereichen bewegte, in denen sich sonst nur Nacktschnecken tummeln, war Argumentieren bei Waldemar keine Option. Da half nur Einstecken.

Lange bevor der Begriff „Opfer" zum geflügelten Wort einer ganzen Generation Sprachlegasteniker wurde, hatte mir die Schulzeit dessen Bedeu-tung nähergebracht. Es ging so weit, dass die Schulhof-Alpha-Tiere sich im Januar darum prügelten, wer mich für den Rest des Jahres tyrannisieren durfte. Meistens gewann Waldemar.

Immerhin kann ich mit Stolz von mir behaupten, dass ich einer der ersten Transformer war, denn mindestens einmal die Woche wurde ich zu einem handlichen Häufchen Elend zusammengefaltet, damit ich besser in den Müllcontainer passte. Erschwerend kam die Tatsache hinzu, dass ich den Körperbau einer magersüchtigen Gottesanbeterin besaß und meine Akne so ausgeprägt war, dass mein

Gesicht wie das zerbombte Dresden nach dem Luftangriff der Alliierten aussah.

Außerdem war ich ein Nerd. Damit rangierte ich auf der untersten Stufe der Schul-Nahrungskette und sogar die Schulklos wurden mit mehr Respekt behandelt als ich.

Es war die Welt meiner Comics und Bücher, in der ich Zuflucht fand. In meiner Fantasie trat ich Waldemar mit der Macht von Grayskull so fest in den Arsch, dass sein Skelett heute noch in der Erdumlaufbahn seine Kreise zieht.

Anfang der 80er-Jahre bekam ich meinen ersten Computer und mein Leben einen neuen Sinn. Dabei hatte das Gerät weniger Speicher als ein heutiger Nasenhaarentferner und die Spiele sahen alle gleich aus. Immer kämpfte ein Stern gegen eine Raute. Stern war Ritter – Raute war Drache. Stern war gutes Raumschiff – Raute war böses Raumschiff. Stern war schwer bewaffneter Amerikaner – Raute war böser Russe.

Wir hatten keine Polygone, keine Grafik-Engines und kein Dolby-Sourround. Dafür hatten wir Vorstellungskraft. Gewinnen war auch nicht drin, denn die Spiele bestanden aus einem einzigen Level, das einfach immer nur schwerer und schneller wurde, bis man irgendwann starb.

Wie das echte Leben.

So eine Kindheit härtet ab und ich lernte mich anzupassen. Obwohl ich heute aussehe wie ein ganz normaler Mensch, ist diese Bestie immer noch in mir. Ganz tief vergraben, unter Schichten an antrainierten sozialen Kompetenzen und Körperpflegetipps lauert der Nerd, der nichts anderes will, als den ganzen Tag Call of Duty zocken und sich dabei in 34 Sprachen als Hurensohn beleidigen zu lassen.

Er ist es, der dir auf der Party so lange von seinem WoW-Charakter erzählt, bis du beschließt, doch nicht mehr zu fahren und du dich hemmungslos betrinkst. Er ist es, der dir erklärt, warum Edward Cullen eigentlich der glitzernde Bruder von Prinzessin Lillifee ist. Er ist es, der stundenlang darüber diskutieren kann, was passiert, wenn Hulk zu viel Red Bull trinkt. Er ist es, der sich beim Metzger 60 Kilo Hackfleisch kauft, um sich zu Hause einen Boba Mett zu bauen. Und dieser Nerd will raus!

Wie das Alien, frisst er sich durch meine Bauchdecke in die Freiheit hinaus.

„Keine Angst, der will doch nur spielen!", rufe ich, aber ich weiß: „Der Nerd will mehr!"

Er will Pokétrainer werden und wenn er keine Pikachus findet, packt er Meerschweinchen in seine Pokébälle. Er will so lange Resident Evil-Filme gucken, bis sich das Bild von Milla Jovovich in seine Retina eingebrannt hat. Er will mit der Tardis durch die Zeit reisen. Er will nicht, dass ich erwachsen werde.

Ist mein innerer Nerd erst einmal aus seinem Käfig entflohen, gibt es kein Entkommen mehr. Dann kommt mein wahres Gesicht zum Vorschein und ich werde zum Angry-White-Nerd. Jahre der Frustration entladen sich in einem Nerdstorm, der sogar Sheldon Cooper die Tränen in die Augen treibt. Das Nerdperium schlägt zurück und ich bin der Alpha-Nerd, der jedem, der uns als Freaks oder Spinner abstempelt, meinen Gameboy so tief in den Arsch schiebt, dass der mit seinem Blinddarm Tetris spielen kann!

Wenn du mir dumm kommst, wirst du von meinem Ding gebliztdingst und ich tue dir das an, was George Lucas mir angetan hat, als er sich im Suff Jar-Jar-Binks erdacht hat. Ich swagge den Aggro-Nerd-Style und verteile Geek-Klatschen wie Bud Spencer im Film „Sie nannten ihn Mücke".

Denn ich bin ein True-Nerd. Auf meiner Nase trohnte schon in den 80ern ein Nerdkassengestell, lange bevor ihr Röhrenjeanstragende-Instagram-nutzende-Hipster-Scheißer auf den Geschmack des Nerd-Chics gekommen seid. Ihr seid die Chinaware unter den Nerds, so billig, dass ihr auseinanderfallt, wenn mal eine Naht an eurer Skinny-Jeans locker sitzt. Ich bin der Callboy of Duty und mache an einem Zocker-Abend so viele Headshots wie Ron Jeremy in seiner ganzen Karriere als Pornodarsteller.

Ich bin die 50 Shades of Geek und bringe jedes Nerdmädchen mit meinem Hadouken schneller zum Höhepunkt als ein Fahrrad ohne Sattel.

Ich bin der Pinky und der Brain in Personalunion und wenn ich erst einmal die Welt beherrsche, gibt es auf Erden nur noch einen friedfertigen Staat namens Nerdistan.

Ich bin stolz, ein Nerd zu sein und ich schäme mich nicht dafür, dass ich als erwachsener Mann immer noch gerne zocke, Comics lese und mich auf den nächsten Marvel-Film freue. Und ich weiß, ich bin nicht allein. Wir sind das Nerdperium und wir haben nicht vergessen, was es bedeutet, Kind zu sein.

In jedem von uns steckt ein kleiner Racker, der nicht verlernt hat, die Welt mit staunenden Augen zu betrachten und der noch immer daran glaubt, dass Träume etwas ändern können. Ein kleiner Racker, der Weltraum-Ninja-Pirat werden will und sich nichts sehnlicher wünscht, als auf dem Rücken eines Dinosauriers durch Mittelerde zu reiten.

Und wenn mir eines Tages Waldemar über den Weg laufen sollte, ist es dieser kleine Racker, der sich in ganzer Größe vor ihm aufbauen wird, seinen Arm in die Luft streckt und ruft: „Bei der Macht von Grayskull! Ich habe die Kraft!“

Alle Autor*innen

Jan Cönig

Lenny Felling

David Grashoff

Björn Högsdal

Björn H. Katzur

Khaaro

Harry Kienzler

Yasmin Köseli

Lisa Maria Olszakiewiecz

Sören Pischki

Theresa Sperling

Xenia Stein

Dustin Werle

Emm Weyrauch

Vorwort: Elias Raatz | Illustrationen: Barbara Gerlach

Unsere Buchempfehlungen:

Begeben Sie sich mit Textsorbet auf eine unterhaltsame Reise durch jeweils 28 Texte einiger der besten deutschsprachigen Slam Poet*innen.

Freuen Sie sich auf liebevolle Lyrik und packende Prosa, auf drastische Dramatik und satirische Seitenhiebe – ein Buch voller Melancholie, Liebe, Hoffnung und Spaß.

Gönnen Sie sich Poetry Slam für Zuhause!

Textsorbet – Volume 1   ISBN: 978-3-9820358-0-2
Textsorbet – Volume 2   ISBN: 978-3-9820358-1-9
Textsorbet – Volume 3   ISBN: 978-3-9820358-6-4
je 9,95 EUR (DE) | www.dichterwettstreit-deluxe.de

Weitere Bücher aus...

„An die Rollatoren, fertig, los!" über Rentner, Omas und das Altwerden.
Es ist immer die vorhergehende Generation, die eine darauffolgende prägt. Grund genug, dieser Generation einen Sammelband mit Texten einiger der besten Slam Poeten und Poetinnen des deutschsprachigen Raums zu widmen. Freuen Sie sich auf ganz unterschiedliche Perspektiven.

„Hanf aufs Herz" über Cannabis, Alkohol und weitere Drogen. Gönnen Sie sich einen literarischen Kick – 100 Prozent legal und ohne Rezept! Lassen Sie sich in eine Welt entführen, in der Realität und Rausch verschmelzen. – mit facettenreichen Texten von legalen über halblegale bis hin zu illegalen Drogen sowie ihren Bann aus Abgründen und Abenteuern. Warnung: Macht süchtig!

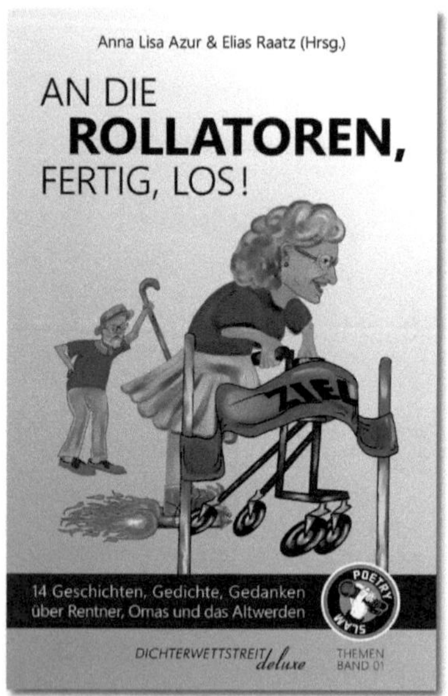

Themenband 1
ISBN: 978-3-98809-002-7
12,95 EUR (DE)

Themenband 3
ISBN: 978-3-98809-009-6
12,95 EUR (DE)

www.dichterwettstreit-deluxe.de

…unserer Themenband-Reihe

„Coole Stimmen für einen heißen Planeten" über Klima, Natur und Umweltschutz.
Klimawandel, Naturzerstörung und der Kampf um Umweltschutz sind globale Herausforderungen. Noch nie lagen Dystopie und Utopie so nah beieinander, selten war der Homo Sapiens näher an seiner eigenen Selbstvernichtung. Geschichten, Gedichte und Gedanken und ein Funken Hoffnung.

„Von Landeiern und Großstadtpflanzen" über Heimat, Identität und Zuhause.
Heimat – ein Wort, für das es nur in wenigen anderen Sprachen eine Entsprechung gibt. Doch was bedeutet Heimat wirklich? Ist sie ein Ort, sichere Zuflucht, eine Erinnerung, ständige Sehnsucht, ein Gefühl? Mit poetischen, eindringlichen und humorvollen Texten gehen wir auf Spurensuche.

Themenband 4
ISBN: 978-3-98809-023-2
12,95 EUR (DE)

Themenband 5
ISBN: 978-3-98809-025-6
12,95 EUR (DE)